株式会社クリスティ 代表取締役
富士企画株式会社 代表取締役
新川義忠
Yoshitada Shinkawa

はじめに

２０２０年、新型コロナウイルスが世界を襲いました。

半年前までは、今の事態を予測することもなく、仲間と集まって楽しんでいたのが、遠い昔のように思えます。

広がり続ける感染を食い止めるためステイホームが呼びかけられ、私の経営する富士企画、クリスティでも初めての試みとしてテレワークを行いました。

本書出版の時期には、緊急事態宣言が解除されたものの、未だ世界は混乱の中にあり、今後、市況がどのように変化していくのかは、読者の皆さんの関心があるところかと思います。


さて、本書は私の５冊目の書籍となります。私が不動産業界に入ったのは１９９８年のこと。平成バブルは諸説ありますが１９８６年から１９９１年と定義されていますから、バブルが崩壊して10年近くが経っていました。

その頃でもまだ多少名残りは感じられましたが、私にとっては「バブルは遠い昔の話」という印象を受けました。当時から20年以上もの間、ずっと一筋で収益物件だけを扱い続けています。

そして、今でこそ当たり前のサラリーマン投資家さんが徐々に増えてきたのは2005年頃です。某メガバンクによるノンリコースローン（責任範囲が担保物件のみと定められてローン商品）やサラリーマン属性（職業、役職、年収、勤続年数など）を重きにおいた融資が盛んになってきました（詳しくは拙著「物件サポート3500人！ 事例で見る〝勝ち組み大家〟の法則」（ごま書房新社刊）をご覧ください）。

さらに、2006年からのファンドバブルの時期には、多くのサラリーマン投資家さんが誕生しました。

2008年のリーマン・ショック、2011年の東日本大震災を経ても、一時的な下落こそあれ、不動産投資の人気は必ず回復してきました。

最近では2012年のアベノミクス以降、金融緩和の影響を受けて、不動産投資への融資が拡大したのは記憶に新しいかと思います。

これまでにないほど融資のハードルが低くなり、サラリーマンによるハイレバレッジの投資が可能となりました。その結果、サラリーマン不動産投資家さんが激増したのです。

その後、2018年に問題となった新築シェアハウス「かぼちゃの馬車」の企画運営会社スマートデイズの破綻、不正融資問題が取りざたされ、不動産投資のニュースといえば、ネガティブなものばかりになりました。

そうして市況はトーンダウンしたまま、2020年のコロナ禍に繋がっていきます。

「不動産投資は危険」「今から不動産投資はできない」

こんな言葉が私の耳にも届きます。しかし、そんなことはありません。不動産投資という言葉がまだ一般に広がっていない頃はもちろん、融資の扉がぴったり閉じたと言われる昨年にだって買っている人は買っています。

そして、前述の通り、必ずまた不動産投資の人気は回復します。これは、いつの時代も「ずっと繰り返されること」だと経験から推測できます。

本書のタイトルにある「秘伝」の不動産投資とは、結局のところ、いつの時代も変わらない不変の投資術となります。

収益物件の売買に関わって20年以上が経ち、投資ノウハウもかなり増えてきました。

しかし、根っこの部分は同じで、最終的には「やるか、やらないか」だけです。頭でわかっていても動かなくては始まりません。
しかし、初心者の方は、溢れる情報や時代ごとに進化するノウハウに翻弄されることが多いでしょう。そんな皆さんが一歩を踏み出すきっかけになればと思い本書を執筆しました。

今回は初心者の皆さんに読んでいただけるように、これまでの著書では触れなかった、物件種別ごとにノウハウを記載しました。
そのすべてに4000件以上の不動産売買の中でもわかりやすい成功事例をあげています。それも高い能力のある投資家さんの手によって生み出された高利回り物件ではなく、やる気さえあれば購入できる現実的な物件です。蛇足ながら、私自身が行っている不動産投資についても紹介させていただいておりますのでご参考までに。

不動産投資は物件を購入してから気がついても取り返しがつかないことが多々あります。
ぜひ「買う前に」本書をご一読いただくことを願っております。

新川 義忠

◇ 目次 ◇

第2章 これから始める方へ！「令和版」不動産投資のステップ

第3章 融資

第4章 戸建て投資

── 事例 ──

第5章 区分マンション

第6章 一棟物件（住居系）

第7章 一棟物件（商業系）

第8章 売却

事例

第1章

激変した「令和」の不動産投資市況

第1章では業界歴20年以上の私が、激変した不動産市況について解説します。一昨年に世間を賑わせた不動産業界のスキャンダルから、今年に入り全世界を襲った新型コロナウイルスの影響を受けて今後の市況はどうなっていくのかまでを予測します。

1 「かぼちゃの馬車事件」からの不動産近況

2018年の1月、かぼちゃの馬車という新築シェアハウスの企画・運営会社が破綻を迎え、その後、金融機関の不正融資問題が取り沙汰されました。

その後も大手アパートメーカーの建築基準法違反が発覚して、テレビや雑誌を始めとする各種メディアでも大きく報道され、不動産投資に対してネガティブな印象が一般の方々にも広がりました。

その影響もあり、融資はより一層引き締められ、収益不動産が買いづらい状況になりました。

ただ、これは本来ならば自己資金を1、2割出さなければならなかったものが、フルローンやオーバーローンで買えていたという〝異常事態〟が終わりを迎えただけの話であります。買える人は今も昔も変わらず買えています。

また、相変わらず融資に積極的な姿勢を見せている銀行はあります（新型コロナウイルスの影響を受けて、一時的に人員が削減されて審査に時間がかかっています）。とはいえ、世間的には2018年の不正融資問題を皮切りに、特に一棟ものを普通のサラリーマンでもどんどん買える時代が終わったのは間違いないでしょう。

現在では、頭金として少なくとも1割、多ければ3割を求められることもありますので、ある程度の自己資金がない人はそもそもスタート地点に立てない状況にあります。

なお、現金購入であれば200万円ほどの区分マンションや戸建てはありますので、視野を広げてみるのも一つの手だと思います。

2
「コロナの影響で安く買える」いま行動している先行投資家たち

2020年になって新型コロナウイルスが猛威を振るったことで、世界経済は大混乱に陥っています。

日本においては3月下旬から4月上旬にかけて自粛が加速していき、大人数が集まるイベントは次々に延期・中止、学校は休校になり、テレワークの人も増えていきました。

観光業、旅館業、航空会社は致命的なダメージを受けています。緊急事態宣言以降、飲食店や小売店も次々に営業自粛をせざるを得ない状況に陥りました。

では、不動産投資業界はどのような影響があったのでしょうか。

物件の売買は動いています。現に、テレワークの影響で自宅のパソコンを見ている時間が長いためなのか、物件のお問合せ件数は急増しています。

また、サラリーマン投資家さんについていえば、職種にもよるでしょうが、コロナショックが仕事に直撃している方は少ない印象です。

そして何よりの理由として、2008年のリーマンショックのときに安く買って儲けた経験がある人は、「今回も同じようなことになるだろう」と思っています。

自分が経験していなくても、「リーマンショックなどの安くなったタイミングで買った」という話を本で読んだり、セミナーで聞いたり、大家さん仲間から教えてもらっ

不動産景気の推移（公示地価変動率より）

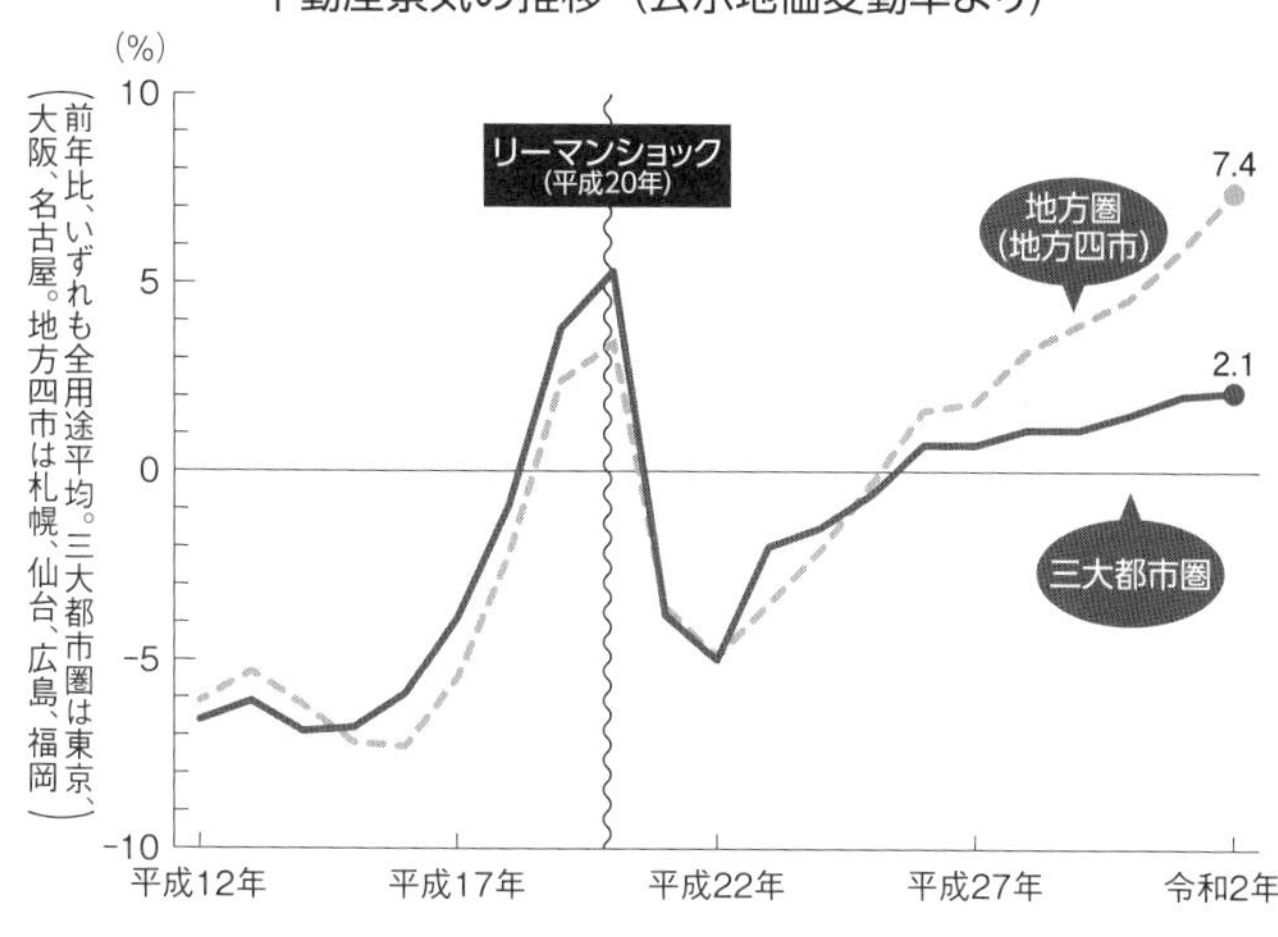

たりしているので、今回のコロナショックはむしろチャンスと捉えています。

ただ、不動産価格が下がるタイミングには不動産の価値も下がるので、融資の審査は厳しくなります。

しかもリーマンショック後の時よりも、不動産投資に参入している人がはるかに増えています。「良いものが買える市況になった」とはいえ、やはり一握りの人しか買えないのが現実です。

「コロナショックの影響で、不動産価格が暴落する」と考える人は多いと思いますが、２０２０年５月時点では、まだ大きく下落していません。

前述したように諸々の理由でお金が必要になったから、多少安くてもいいからすぐに売りたい、というニーズもたまにありますが、どれだけ増えるかは未知数です。

安くなりそうなケースとしては「1階が店舗で2階以上が住居の物件を持っているが、1階にずっと入っていた飲食店が閉店し、住居部分の入居者も滞納が続出しているので手放したい」というケースは想定できますが、そういった物件がどれくらい出るのかは現時点では判断できず、あと2、3カ月経ってみないとわかりません。

どちらかと言えば、購入への影響ではなく、売却への影響は出始めています。

例えば、事業をしながら物件を所有している。株式投資などをしながら不動産投資もしている・・・こういった人が、「会社の経営が厳しくなったから」「株やFXで失敗したから」などの理由でどうしても物件を売らざるを得ない状況になる人は増えるでしょう。

しかし、そうした人たちは売り急いでいるので、情報を一般公開している時間的余裕はありません。

この場合、不動産業者の営業マンはパイプがあるお客さんに紹介します。そうなると、すでに不動産を購入していて、懇意の不動産業者のある投資家さんが優位になります。

そうなると、これから不動産投資を始める初心者はどうしたら良いでのしょうか。

今のような状況では、一からパイプ作りを行うのは容易ではありませんが、Zoomなどのオンラインツールを使って、自分の意思を伝えるなどコミュニケーションをとることが大切だと思います。

3 金融機関の融資勢力図はどう変わったか

数年前まで1億円以上の物件の動きが活発でしたが、最近は小さな物件のほうがよく動いています。

実際、金融機関が融資をする一棟物件のロットが小さくなっています。具体的には支店決済できる金額内の物件の融資が通りやすい傾向にあります。

その他、某銀行の場合だと融資期間が最大50年まで拡大したため、新築区分マンションの数字が劇的に伸びていました。

しかし、新型コロナウイルスの影響で対面でのやりとりができ難いため、融資の動きは遅くなっています（２０２０年5月時点）。

なお一棟物件のロットが小さくなったと言うよりは、数年前のロットが大き過ぎたと表現するのが正しいでしょう。

不正融資が行われていた時代に暗躍した三為業者（「第三者の為に契約」を行う転売業者。転売の際、利益を乗せて取引するケースが多かった）は「1億円以上でないと、利幅が薄いから」という理由で、できる限り大きな物件を取り扱っていました。本来であれば、サラリーマンが何億円も借金できるのが不自然なのです。

その後、不正融資問題があって、金融機関のエビデンスチェックも厳格化し、1億円以下の物件がスタンダートになりました。

直近の状況をいえば、２０２０年になってからはノンバンクが借りやすい状況になっています。

ノンバンク以外だと、現在は一部の信金・信組でも融資が出ており、とある地銀では評価が出ればフルローンが引けることもあります。

ちなみに不正融資問題で名前の挙がった金融機関は、表立って積極的に融資をするのはまだ難しいでしょう。

4 家賃保証会社・管理会社の倒産リスク

最近、新型コロナウイルスの影響から、家賃を払えなくなった人に向けて「大家さんに減額交渉してみましょう」と提案する情報が流れていますが、大家さん側からすれば自分たちもローンの返済があるわけですから、「なぜ自分たちだけが負担しなければならないのか」と不服です。

もし、家賃負担が大家さん側に強いられるようになったら、破綻する人も出てくるでしょう。

また、リーマンショック後に倒産した家賃保証会社がありましたが、今回も同じように、家賃滞納者が増えて財務状況が悪くなり、大手の保証会社でも倒産する可能性があります。

ただ、リーマンショック時に破綻した大手保証会社・リプラスの場合も、別の保証会社がすべて引き継ぎました。

したがって今回、もし倒産した保証会社が出ても、どこかが引き継ぐ可能性が高いと思います。いわば〝救世主〟の登場です。

ちなみに、世の中にはカードローンの滞納など個人情報に傷がついている人はそれなりにいますので、個信チェックをしている保証会社のほうがいいでしょう。

とはいえ、コロナショックの影響で今後数千、数万人という規模で家賃が支払えなくなる人や家賃滞納者が出てくると思います。そうなれば、その人たちをターゲットにしたビジネスモデルも出てくることが予測できます。

投資家さんにとっては管理会社の倒産も心配事の一つです。

ただ、管理だけをしている管理会社は、仕入れがあるわけではなく、管理委託料という安定的な収入が得られています。すなわち数千円単位の積み重ねです。

また、管理は年間の売り上げを見込めるのが特徴です。管理戸数から収益は算出できますし、管理料の推移は過去の平均を見ればある程度は把握できます。

むしろ売買をしている会社のほうが大ダメージを受ける可能性が高いです。売買の件数は目標値が出せても、結果はその年の市況によって大きく左右されてしまいます。

つまり、管理会社は爆発的に空室が増えれば減収になって、経営が厳しくなるかも知れませんが、倒産するとすれば別の事業で大きな失敗が起きた時だと思います。管理業以外に貸しビル業や土地の開発分譲など、別の事業も展開しているケースです。

ですから純粋に管理業務だけで、かつ管理戸数が大きい管理会社は安泰だと言えます。今の時代、路面店を出さなくても経営できますし固定費はそこまでかかりません。

倒産する管理会社があるとしたら、社長がよほど豪遊していたなど特殊な例を除き、管理業以外の事業での失敗くらいしか考えられないでしょう。

5

今後、どのように買い増やすのが得か

不動産投資経験者からよくある相談に「次の物件が買えない」というものがあります。

不動産業者は利益を稼ぐため、できるだけ大きな物件を買ってもらおうとするものです。だから「資産効率のためにレバレッジは限界まで利かせるべきですよ」などと営業します。

その言葉通りに買っていくと、いつかは止まります。すると「次の物件が買えない」という状況に陥ってしまうわけです。

個人であれば3億円が一つの壁となります。

それ以上の融資を引いている人もいますが、買い進めと融資の関係も種類があるため、都市銀行から見て評価が出ない物件であっても、ノンバンクや一部の地銀・信金・信組では評価が出るケースもあります。

これは一般論ですが、積算が出なくても高利回り物件のほうがお金は増えるため、借り方も違ってきます。

いずれにせよ正解は一つではなく、その人の属性、資産背景、目標、好みなどによって様々です。

そうは言っても初心者の方は自分に向いている投資法がわからないと思いますので、属性、価値観、求めるものなど、時代によって判断するのがいいでしょう。

かつて「レバレッジとスピードこそが一番」という時代もありました。

私はレバレッジを利かせたほうが基本的にはいいと考えています。ただ、お金を稼ぐ上での目標、なぜ不動産投資をするのかという目的は人それぞれなので、そこは他人があれこれ言う問題ではありません。

難しいのは不動産の場合、大半のことが数値化されて、結果を客観的に評価できる点です。

これには良い側面もあり、地主であろうと医師であろうと、貧乏人であろうと立場に関係なく、フェアに数字で評価できるわけです。

しかし、一方で「他人と比べてしまい、無駄な競争意識が生まれる」という点はネガティブな側面だと言えます。

特に不動産投資をしている現役サラリーマンの方でいえば、本業はもちろん、学生時代から優秀な方が多いでしょう。勉強もできて仕事もできる。それは競争に勝ち抜いてきた実績であり、他人と評価されることにも慣れています。

不動産投資は数字で評価できる部分が多いため、仕事や勉強のように「上に行きたい」「もっともっと買いたい」という欲求が自然と出てきてしまうのだと推測します。

だからこそ、自分がどこを目指しているのか、どうしたいのか目標や目的を決めて不動産投資を行うのが良いと思います。

誰かと比べるのではなく、自分自身がそれを求めているのかを重視すべきでしょう。

6 不動産投資を誤解している人は多い

また、これだけ情報が氾濫する時代においても、不動産投資については、まだまだ知識不足の人が多いと感じています。

本書を手に取ってくださる方は勉強熱心だと尊敬しますが、年収1億円の人でも新築区分マンションを節税目的で買おうとしたり、中古物件や一棟物件という選択肢を持っていなかったりするのです。

もちろん、どのような物件を買うのかは、その投資家さんの自由です。

最初から一棟物件を買う人は少数派で、不動産投資と言えば「新築区分マンション」のイメージを持つ人がいまだに多いでしょう。

たくさんの選択肢があるのに、その選択肢を知らないのは実にもったいない印象を受けます。

また一部の初心者は、業者からの「銀行が融資をするということは、それだけの価値がある物件だ」という謳い文句で、億単位の物件を買ってしまいます。

たしかに「銀行が認めてくれている」と言われれば、「向こうも返済してもらわなければビジネスにならないわけだから、本当に融資するだけの価値がある物件なのだろう」と考えてしまう気持ちもわかります。

銀行は何でも融資するわけではなく、返してもらえる見込みがあるから貸すわけです。

しかし、融資が出る物件だからといって良い物件とは限りません。

銀行はお金を貸すプロであっても、不動産のプロではありません。いくら銀行が評価してくれていても、それを鵜呑みにはせず、自分自身が会社を経営するつもりで慎重に判断しましょう。

7 働き方、生きる目的を考え直す好機と捉える

近い将来を予測すれば、新型コロナウイルスの影響で業界・業種を問わず、今後も大きな変化の波にさらされるでしょう。

たとえば、5G（第5世代移動通信システム）の普及、リモートワークなど働き方の多様化、不動産業界で言えば「IT重説の加速化（直接会うことなく重要説明を受けられて契約できるようになる）」などが挙げられます。

本来、リモートワークやそれに伴うIT化などは、東京オリンピック開催に合わせて進めようとしてきたことです。それがより前倒しになり、緊急性を帯びただけの話

であり、マイナスに捉えるよりも、プラスに受けとめたほうが良い側面もあります。

特に働き方については、今回の一件は大きく変えるチャンスです。

会社にいなくても仕事ができるポジションの人は、これまでも多くいたことでしょう。

出社時間が強制されなくなるだけでも、満員電車は多少なり緩和されますし、より働き方が自由に楽しくなるはずです。

営業の仕事であれば、お客さんに合わせて仕事をしているわけですから、会社が設けたルールが形骸化しがちです。

やるべきことをやっていれば、あとは人生を楽しむことに時間を使うべきです。

かつてのように仕事一筋で生きるのではなく、家族で過ごす時間、趣味に使う時間など、一人ひとりが自分の幸せを考えることが大切だと思います。

そういう意味で、今は「自分の人生でお金を稼ぐことは本当に重要なのか」が問われている時代ではないでしょうか。

自粛の生活を余儀なくされた結果、家族と過ごす生活の時間に価値を見出した人もいれば、経済的に苦況に立たされてしまった人もいるでしょう。

置かれている立場によって状況は異なりますし、考え方も異なっていくのは当然のことです。

これは聞いた話ですが、近所のスーパーで新型コロナウイルスの感染者が出たそうです。

その人はスーパーでレジ打ちのパートをしながら、子どもを保育園に預けて働くお母さんでした。「感染していたのに働くなんて信じられない。そんなにまでして働きたかったのか」と罵倒する人がいたというのです。

そのときは微熱程度なら検査もしてもらえなかった状況でしたし、人手が足りなくて休ませてもらえなかったのかもしれません。もしくは、収入が途絶えたら生活できなくなる環境だったのかもしれません。

どんな事情があったのか外からはわからないものです。

しかし、「感染者＝悪」という単純な図式で考えている人が一定数いて、「感染することは自己責任であり、糾弾されても仕方がない」という気持ちで発せられた言葉が行き交う世の中はとても悲しいです。

ひと頃はネガティブな言葉が飛び交い、「自粛警察」なる言葉がトレンドワードになったほどです。しかし私は、コロナショックを前向きに捉え、チャンスとして生かすことが大切だと信じています。

雨が降ったら、「これは恵みの雨だ！」と思うようにしたほうが建設的ですし、病気や怪我になったときも、神様から「おまえは近ごろ働き過ぎだよ」と諭されていると思えれば、普段なら見えないことも見えてきます。

在宅勤務になったことで、自由な時間が増えた方も多いでしょう。ぜひ、この機会を有効に使ってください。

やりもしないのに無理って言うな！〜新川義忠の半生〜

このコラムでは私の半生をご紹介したいと思います。前著の内容と重複する部分が多いため、すでにお持ちの方は、このページは飛ばして読み進んでください。

祖父の影響で建築関係へ

現在、父は私と共に「富士企画」を経営していますが、元々は銀行勤めをしていました。一般的なサラリーマン家庭ではありましたが、祖父は大工ということもあり、まわりには職人さんが多く、なんとなく自分もそっちの方に進むつもりでいました。

しかし、インテリアデザインへ憧れもあり、けっきょく高校を卒業してから専門学校へ進み、パースの描き方や図面を引くことを学びました。

また、高校を卒業した頃からサーフィンの魅力に取りつかれ、10代からずっと海に通っていました。

そして、あまりマジメな学生でなかった私は半年間ダブって卒業しました。

当時の私は、パチンコばかりしていて普通に卒業できなかったのです。本来、2年間で卒業のところ2年半も通ったことになります。

その後、住宅設備の会社になんとか就職ができました。求人募集を見てやってきた私を、会社の人は「翌年4月の入社希望者だな？」と勘違いして面接をしてくれたのです。

この住宅設備の会社で7年働きました。仕事は工務店さんへ給湯器や流しを納める立場だったので、現場があれば図面をもらって、そこに見合う商品を納めていたのです。予算に合わせてお施主さんと打ち合わせをします。

そして、入社から6年が経ったとき、会社内にもともとあったリフォーム部門を「もっと大きくしたいから、そっちへ行かないか？」と打診されました。興味はあったので、「すぐ行きます！」と移りました。

ちなみに当時は営業マンの中でも、営業成績は常に1〜

2位を争うようになっていました。しかし、売れている割には給料が少なかったので、しょっちゅう「もっと上げてください！」と交渉していました。そのたびに大体500円くらい上がりました。

そこでは新築の1棟を受けることができたり、かなり大きな物件も手がけられるようになりました。

仕事は面白かったのですが、その後、また元の営業部に戻るよう言われ、リフォーム部と営業部を行ったり来たりするのは嫌だなと感じていたのです。

そこで、部署移動をきっかけに退社することにしました。

転職先は創業2年目の不動産会社

次の転職に関しては、不動産会社に決めました。

それまで、建築の現場で不動産会社の営業マンとも接する機会がありました。そのとき、私には不動産屋が羽振りよく見えたのです。それで、景気の良さそうな業界で「もう少し自分の力を試したいな」という思いが沸いてきました。

当時の私は27歳でした。会社を辞めると決めたことは誰にも相談していません。当時は結婚をしていましたが妻にも相談していません。

今から20年前のこと、誰にも相談をせず、クリスティの前身となる会社「スズコウハウス」へ再就職したのです。

この年、埼玉県の大宮で創業されたばかりの会社で、自分の力を試したかった私は、むしろ実績のない方がよい、と考えて選びました。

世の中の景気が悪いときでしたので、その時代に会社を興すというのは、それなりに自信があり、個人の力も絶対にあるだろうなと想像しました。私は、自分だけの力で勝負しようとしている人たちと一緒に働きたかったのです。

しかし、この会社は怪しすぎました。

当時の不動産屋のイメージでは、人通りの多い駅前にあるものだとばかり思っていましたが、この頃は建材などの卸しをする会社の3階へ間借りして営業していました。

私が面接で初めて訪れたときも、求人誌に載っていた住所はここなのに、スズコウハウスという看板さえ見当たらず、戸惑ったものです（よく見るとポストに小さく「スズコウハウス」と書いてありました）。

建材屋さんは、1階と2階で仕事しておりキレイな会社でしたが、3階は麻雀部屋と倉庫です。その麻雀部屋が不動産会社だったのです。

2階に上がり、3階を見上げたら、電灯もついていないのです。「これはやばい！」と警戒するような、たまらない怪しさがありました。

面接後に聞いたら、「みんな面接をバックレるんだよね」ということでした。それほど怪しいどんよりしたムードがあったのです。

「クリスティ」は前身の段階では、実需と投資の両方をやっている不動産投資会社でした。担当部署などありません。管理職以外は営業マンです。私が入ったとき社員は3人しかいませんでした。

会社としては両方の広告を打っていましたが、マイホームはライバルが多いからか、決まるのはアパートばかりでした。

基本的には住宅情報誌への広告です。雑誌の一番後ろのほうに、「事業用不動産」というコーナーがあったのです。そこへ毎週のように広告を出していました。昔のほうが利回りのいい物件があり、問い合わせの電話もすごく鳴りました。

振り返れば、当時は黄金期でした。第一次不動産投資ブームです。この時代は不動産投資に対して、誰もが興味津々の時代だったと思います。

今ならネットで問い合わせるだけで、かんたんに物件情報は得られますが、情報の取り方も最近の投資家さんとは事情が全く違います。すでにインターネットはありましたが、私はパソコンを持っていませんでしたから、メールで問合せが来ても返信をすることもできませんでした。

基本は電話とＦＡＸです。ＦＡＸを持っていない人には、わざわざ買ってもらっていました。「郵送で送ってほしい！」という人に対して、「それではスピードが遅いからＦＡＸを買ってください！」とお願いしたものです。

また、融資の環境は今のように整っていませんでしたが、基準が緩く法定耐用年数の残存期間も問われませんし、属性についてもさほど厳しくありませんでした。

当時は、あさひ銀行（現、埼玉りそな）が普通に融資をしてくれました。築30年木造が住宅ローンと同じような感覚で融資してくれたのです。

売れなかった3カ月間

話は変わりますが、私は入社して、3カ月間も不動産が売れませんでした。もともとは向いていなかったら、半年で辞めようと決めて入社しています。

報告こそしたものの、家族に相談することもなく、設備会社を辞めておきながら、勝手に大宮で再就職したのです。

そのときばかりは好きなサーフィンを封印して仕事に集中しました。

当時は千葉県に住んでいたので、埼玉県の大宮まで通勤するのが大変でした。私の実家が埼玉県の春日部市だったので「遠い」という認識が薄かったのでしょう。それでも実際は片道45キロかかりました。

3カ月経って売れるようになったのは、私が建築のことを理解していたからです。融資のことは説明できませんでしたが、現場にずっと入っていたので、建物について詳しく解説できるのが強みでした。

不動産屋はあくまでも不動産屋。建築屋ではないので、建築の知識がありません。

社長や部長の仕事ぶりを見ていると、「不動産屋って建築の知識がなくてもいいんだ!」と気づきました。「それなら建築の知識を伸ばしていこう!」と、お客さんに対して建築に造詣が深い対応をすると、自然と売れるようになりました。

私が初めて契約をとったアパートのことを今でも昨日のように憶えています。埼玉県上尾市にある6300万円のアパートでした。

ただの仲介でなく、自社が競売で仕入れた物件なので思い入れもありました。

結局は売買にはいたらなかったものの、投資家さんに自分の熱意が伝わったのだと感激しました。

最近は融資ありきですが、当時は「買いたい!」と希望されたら、とりあえず契約をしてから融資の申込みをしていましたので、購入に至らないこともよくありました。

当時の不動産会社というのは、やはり地域密着でしたし、投資物件を扱っている会社はほとんどありませんでしたので、銀行から見ても不可解だったようです。

なにしろ埼玉の不動産会社が、東京や神奈川のお客さんを連れてきたりするわけです。銀行の考えは、どこの支店も購入物件と住んでいるところの「両方に支店がないとダメです」と主張します。

そもそも、「どうして大宮の会社が千葉の物件を扱うのですか？」「なぜ東京のお客さんを連れてくるのですか？」と聞かれましたし、「ほかの銀行がダメなのに、うちに持ってきてもダメですよ！」と疑いの目をもたれ、そこをクリアにするのに苦戦しました。

投資物件を専門に扱っているので、エリアが一般的な不動産とは事情が異なり、全く地域に密着にしていません。だから毎回このような話になるのです。今では当然のことですが、当時は理解されませんでした。

そこを下手に出て丁寧に説明しました。電話だと大体切られてしまうので、直接会いに行くのです。顧客が変わり、物件が違えば、また金融機関を変えていかなければいけません。そうやって、ひたすら銀行開拓をしていました。

すると「どうしてこんなところで買うのですか？」と警戒されたものです。

今は首都圏の投資家さんが別の県で物件を購入するのは当たり前ですが、この辺も今とは全く状況が違っていました。

いつだって不動産投資のニーズはある

昔の方がたしかに高利回り物件はありましたが、銀行融資からしても、欲しければすぐ買える・・・というほど甘くはありませんでした。

ただし、いつの時代も「投資物件を買いたい」というニーズがあります。

不動産投資ブームとは関係なく、昔から営業マン1人に対して、お客さんは毎月新規で20人ほどです。世の中の盛り上がりとは、まったく関係ありません。

世の中が不動産投資ブームで沸き立っているような時も、景気が悪くなった時も、それでも買いに来る人はたくさんいます。

冷え込んだときこそ大チャンスだと思って待っている投資家さんもいるからです。

かつてもそうでした。そして、また景気がよくなってブームになってきたら、また「買いたい！」という人も増えますから。

実際、リーマンショックのあと、東日本大震災のあともそこまで大きな変化はありませんでした。

震災直後には、何件か契約がキャンセルになったり、外国人をターゲットにしていたアパートは退去されたこともありました。しかし後に回復しています。

基本的に不動産投資をやっている人は、「株よりも不動産投資の方が、安定感があっていい！」という価値観の人が多いです。

家賃が下がることはありますが、ゼロにはなりませんし、半額にもなっていないのです。急に破綻しないところが不動産のよいところでしょう。

そのため景気が冷え込んでも大損はせず、あまり響きませんでした。

ここまで20年の業者人生の中で、私の知る限り、取引した投資家さんの賃貸経営が立ち行かなくなったことはありませんし、競売にかかった人は1人もいません。

平成11年、「クリスティ」に社名変更

私が入った当初、メンバーは5人でした。社長と専務、部長に先輩、そして私です。

先輩は私より年下ですが、1カ月先の入社でした。

すごくエラそうな口の聞き方をする人で、心の中では「年下のくせに！」と腹を立てながらも「はいはい」と従っていたのです。

そして「絶対にコイツだけには負けないぞ！」と奮闘しました。今思えば、彼の存在があったからこそ私は伸びたのです。

それから間もなくして先輩が辞めてしまい、会社はしばらく4人になりました。

入社から2年経ち、平成11年に会社の引越しを機にスズコウハウスからクリスティへ社名を変更しました。

仕事は投資家さんばかりを相手にしているので、イギリスのオークション「クリスティーズ」「サザビーズ」が候補にあがりました。

投資家さんがイノベーションを買いに来ているから・・・、またサザビーズは有名だからクリスティーズで、「ズ」を外して、そんな理由で会社名「クリスティ」がきまったようです。

当時はよく飲み歩いていたので、「どこかの飲み屋のお

姉さんの名前かな?」と思っていました。まだ横文字の社名がそれほどなかった時代でしたので、お客さんからも何回も聞き直されました。

その当時は、競売で物件を買うことも多かったです。床下に潜って大工仕事もしましたし、経理の手伝いもしました。とにかく、何でもしていたのです。

会社が引っ越してからは人が減って3人になります。営業2人と社長だけの会社です。新しく人が入っても辞めてしまうので、自然と私がナンバー2のポストに就きました。

どうして社員がそれほど辞めてしまうのか?

私が入社した当時からそうだったのですが、飲んだ席で必ず喧嘩をはじめます。喧嘩といいますか、言いたいことを言い合うのです。

私はお酒を飲みませんが、酒の場での喧嘩は慣れていますし、言いたいことは言ったほうがいいという持論ですが、言いたいことを言い過ぎて、感情的になって辞めてしまうのです。

それでも他社から「クリスティって営業マンが何十人もいるらしいぞ!」という噂があり、それを聞いて会社を大きくしたら面白いだろうなという思いが沸きました。そのときに初めて雑誌の求人募集ではなく、インターネットで募集したのです。

するとパソコンが使える世代の営業が入社するようになりました。

この世代たちがメールでやり取りをするようになったので、このあたりから「ホームページを活用しないと時代に乗り遅れるぞ!」という考えに変わっていきました。

会社の成長とサーフィンの日々

その当時に入社したのが、今うちにいる西井です。今でもはっきりと憶えていますが、社長が「西井は絶対に取れ!」と指令を出してきました。

西井は優秀な営業マンでしたが、私と同じく管理職になってもらい部下を増やして、より多くの営業をとるようにしました。そのあたりから急速に会社が成長しました。

とはいえ、西井は、社長と喧嘩をして一度は辞めているのです。入社して4年程で退社して、また2年程経ってから戻った経緯があります。

とくに会社が大きくなったのは平成20年です。この頃には40数人まで社員が増えていました。そのときは管理部と営業部、経理以外は全て私がやっていたので、毎日夜中の1時、2時まで働いていました。

そんな激務の中でもサーフィンは続けていました。封印していたのは最初の売れなかった3カ月だけで、それ以外はもうずっと一年中海に通っています。

私はサーフィンをやめたら「角が生えてくるんじゃないか？」というくらい機嫌が悪くなると思っています。

当時は今のようにフリーではなく会社員でしたから、朝早く行って就業時間までに戻ってきました。大変でしたが、夏は明け方の4時から海に入れます。7時まで海にいて、出社が9時半だから間に合いました。

早朝からサーフィンをしてすごく疲れるのですが、当時の小林社長は呑む度に、「俺は毎日、今日死んでもいいと思っている」とよく言っていたものです。

それは、「そのくらい俺は一生懸命に生きてるんだよ。だから、お前も一生懸命に生きなきゃダメなんだ」と諭されていたのでしょう。

小林社長からは、情熱を持って生きること、人を愛することを学びました。

私は「こんなオッサンになりたいな」と憧れました。それほど格好よかったのです。スーツもアルマーニを着こなして似合っていました。

小林社長はすごく遊びます。遊ぶといっても呑んでばかりですが、それでも仕事はきっちりやっているように私には見えました。1日1日を一生懸命に生きることの大切さは、そのときに初めて考えさせられました。

決意後、数年かけて退職

そのような熱い社長の元にいながら、離職率の高い会社でした。

社長自身が「仕事のできるやつは辞めるものだ。俺が独立したように、売れるやつは辞めちゃうんだよ」とよく話していました。

そのようにずっと言われ続けてきたので、私もそういうものかなと理解していたのですが、今は全くそう思っていません。

今は、「私は一人では何もできない。みんながいないと成り立たない」そう考えています。だから「辞められたら困る。おまえが辞めたら俺も辞める」と口うるさく言っています。

自分だけが儲けても仕方がありません。全員が稼げるようにしなくてはいけないし、会社の利益が出たら、がんばってくれた社員に還元すべきだと考えています。

さて、離職率の高い会社と説明しましたが、私自身も事情があって平成24年に退職しています。

退職を決めたのは平成19年です。その当時は経理部以外の営業部・管理部の管理職をしていました。「辞めたい」と思ったときに、考えたのは「管理職を育てなければいけない」ということです。

当たり前ですが、いきなり辞めたら迷惑をかけますから、無責任に放ったらかしにすることはできません。会社に対する、仕事に対する熱い思い、仲間に対する思いも強くありました。会社をここまで大きくした思いもあります。

それと同時に、退職しないにしても、自分が倒れたら会社が機能しないことも心配でした。

だからこそ、しっかりと管理職を育ててから辞めようと考えたのです。また、辞めるときは1人で辞めると決めていました。

そこでまず管理部に、新たに管理部長のポストをつくりました。そして、管理部が落ち着いてきたところで、営業部は自分を含めて3人の管理職で、運営する体制をつくりました。

そして、人が育ってまかせられるようになって、ようやく自分は管理職から営業に戻ることにしました。

なぜ一営業に戻ったのかといえば、管理職が退職すると、部下も一緒に辞めてしまう可能性が高いからです。辞めるとはいえ、お世話になった会社に迷惑はかけられません。

そして、「3カ月の引き継ぎ期間をもって辞めます」と伝えて、上司と部下が入れ替わりました。

そうして営業になったときに、西井から「(営業成績の)半年間勝負しましょう!」と持ちかけられました。

それに乗って、営業に力をいれたところ、管理職でない環境はラクということを実感しました。管理職は責任を問われますが、一営業なら自分のことだけでいいのです。

ましてや上司にあたる人間は自分の元部下ですから、自由に働ける環境が手に入ったのです。

そして、3カ月の予定が半年になり、気が付くと平成23年の秋になっていました。このままズルズルしてしまってはよくありません。「やっぱり辞めよう」と再決意しました。

そんな中で、敷地延長の一棟アパートの売却をしていました。売主が不動産会社ですが、間口が2m に10 c m足らなかったので再建築不可だったのです。

隣がアパートなので、その敷地を少し売ってもらったら再建築できると買主さんから言われました。じつはこれまで、散々アタックしたけどダメだった・・・というのが売主の不動産会社の話です。

その旨を買主さんに説明して、アパートを買ってもらったのですが、「でもせっかくだから行ってきますよ」とダメ元でお隣のオーナーに売却の打診をしたところ、「あんただったらいいよ」と言ってくれたのです。

ありがたいことですが、それがちょうど退職のタイミングでした。しかし、そこから、分筆の手続きが始まりますし、とても放り投げられる状況ではありません。

それで退社が延びたこともあり、どうせなら、なにか伝説を残そうと思いました。

そこで、社長には「改めて3月いっぱいで辞めさせてもらいます」と宣言して、3月に8本を契約したのです。8本はその当時うちの会社で最高の契約数です。それまで7本が自分の最高記録でしたが、それを更新することができました。

3月中に決済できない契約は別の営業に譲り、「辞めていく人がここまでやるの?」と驚かれました。

そして、いよいよ退職です。それは平成24年3月でした。もともと3カ月の予定が半年に伸びて、結果的に1年いたことになります。また、最初に退職を考えてから4年が経っていました。

それまでの送別会は仲間といつも盛大にやっていたのですが、今度は私の送別会を開いてくれることになりました。

いつも送り出す側だった私が、みんなに見送られる立場となり、「もう、みんなの送別会に出ることはないのか・・・」と思い、手紙を書くことにしました。

全員1人1人、四十何人分の思いを入れて書きました。

父と新しい会社を立ち上げる

その当時、辞めた後のことは何も決まっていません。あちこちの会社からお声がけはいただいていましたが、どうするか決めかねていました。それでも一つだけ決めたことがありました。それは「3年で5億円を稼ぐ」ということです。

そのとき私は離婚をして実家暮らしをしていました。会社を辞めた翌朝に「昨日で会社を辞めたんだ」と報告しました。

父からは「どうして辞めたんだ?」「なぜ相談しなかった?」と問いただされました。

物事を誰かに相談してから決めるのではなく、自分の人生だから自分で決めなくてはいけない。人にどうこう言われて決めるものではないと思っていたのです。要するに強がっていたのです。

私の父はもともと富士銀行に勤めており、それから不動産会社に転職しています。

私は宅建の免許を持っていなかったのですが、父は宅建の免許を持っているため、独立にあたって、「辞めて俺と一緒にやらない?」と父を誘いました。

そこまで仲の良い親子ではなかったのですが、父もいつかは私と一緒にやりたい気持ちがあったようです。

父はそのとき六十代で委託勤務、会社とは1年毎の契約更新でしたから、すぐには辞められないということで、半年後に新しく不動産会社を立ち上げることになりました。

そんなタイミングで、私は1人のお客様だけに辞めることを伝えにいきました。

基本的にクリスティのお客様ですから、辞めてから自分からお付き合いすることはできません。

それでも、すごく私から買ってくれていたお客様でしたから、その人にだけはお伝えしました。

その時に「これからどうするの?」と心配されました。私は「半年後に自分でやろうと思っています。その間はまだ決めていないけれど、どこかの会社の手伝いに行こうと思っています」と話しました。

「それならうちでやらない?」とお声をかけていただいたのです。その人は投資家さんとして不動産はたくさん持っており、事業として「不動産売買仲介会社をやろう!」と、とりあえず箱だけはつくったのですが、まだ何も動いていない状態でした。

その方にはとてもお世話になったので、助けてあげたい気持ちもあり、半年間お手伝いをすることにしました。

社員がたくさんいても、ノウハウも何もないので、「まずはホームページを作って」というゼロからのスタートでした。

果たして売れるのか疑心暗鬼だったのですが、周囲の応援もあって、私は3カ月で1800万円を稼ぐことができました。

その後、私は7月2日に富士企画を登記して、9月には父も会社を退職して合流しています。

私はその間、別の会社でお金を稼ぎつつ、富士企画をつくったのです。もともとお手伝いをした不動産会社には「半年間でお願いします」と告げていましたが、結果として11月までいました。

そして、新しい私と父の会社「富士企画」は12月から営業をスタートさせました。創業メンバーは、中下と西井、それに父です。

息子として親孝行のつもりでやっているわけではありません。父は経理に強く、父の存在なくして富士企画は続いていないだろうと感じています。とても感謝していますし、一緒にやってよかったと思っています。

また、営業の2人が富士企画に来てくれるまでも紆余曲折がありました。

辞める前に、小林社長から「うちが潰れるときは、お前が全員を引っ張ったときだ。だから引っ張るなよ!」と釘を刺されていました。

私も1人で辞める覚悟はできていたので、「大丈夫です!」と誓って辞めたのですが、どうしても2人と仕事がしたかったのです。

そこで半年ほど経ってから、「すみません! やはりどうしても西井と中下の2人だけはいいですか?」と頭を下げました。

「そこは俺が引き止める筋じゃない。本人が行きたいというなら仕方がないだろう。その代わり、2人だけにしてくれよ!」と言ってくださいました。

あの時、快諾してくれた小林社長をはじめ、私を信じて入社してくれた2人には、ただ感謝するばかりです。

普段着で出勤!? 自由すぎる会社

私の実家は春日部で、西井が桶川、中下が大宮とみんな埼玉県民です。当時も四谷に事務所があり、父が常駐していました。

しかし、みんなそこには来ないで中下の家に集まり、パソコンと携帯で仕事をしていました。場所は春日部と桶川の真ん中で都合がよかったのです。

家の広さは2LDKで、公民館にあるような長い机とパイプ椅子を買ってきてリビングに置き、そこで仕事していたのです。会社の転送電話を受けているので携帯で連絡が取れます。そして、本当に用があるときだけ事務所へ行きました。

基本的に私は出勤日を決めず、サーフィンもしたいので自由にしていました。気心知れた仲間ですから「みんな自由でいいんじゃないの?」というムードです。

仕事も普段着ですし、出勤時間も決まっていません。なにせ人の家で仕事をしていたのですから。中下の家の合鍵もみんな持っていたほどです。

みんな独身で気楽なものでした。そんな毎日が1年くらい続きました。

しかし、よくよく考えれば人の家で仕事をするものではないでしょう。家に帰ったら人が仕事をしていたり、朝寝ていたら「おはようございます!」とドアを開けて入られるのが自分だと思うと、これはよくありません。

そこで体制を立て直すことにしました。まずは今の事務所に移転する際にリノベーションをして、大好きな海の雰囲気にしました。そうして、自分が通って楽しく思えるオフィスづくりをしたのです。

こうして、平成25年の夏から会社らしくなりました。

インテリアだけではありません。こうなるまでに、ずいぶんと周りの人が応援してくれたのです。

銀行さんから「一緒にセミナーをやりましょうよ!」と声をかけてくださったり、「新川さん、独立したんだって?それじゃあ物件をまわすよ!」と、周りの業者さんが助けてくれたのです。

委託される物件が増えていき、売りやすい物件があるので、どんどん売れました。

なぜ委託されるのか。これは私の力もそうですし、西井や中下、ここにいるメンバーは元「クリスティ」のメンバーが多く、過去にたくさん売ってきた実績があり、ほかにも業者との付き合いもあります。

地元の不動産会社だけでなく大手の不動産会社もありますが、その人たちは自分でお客様を獲得することができないため、私たちのような投資専門会社に委託します。

お客様はもちろんですが、会社間で取引をしていても、不誠実なことをすれば2度と仕事はもらえません。だからこそ、誠実に仕事に取り組みます。

それに対して、応援してくれる人や会社があり、そのような人が周りにたくさんいるので成り立っているのだと痛感しています。

投資家さんも、一度は売買契約をして買った会社とは、同志のような強いきずなが生まれます。お互いに信頼し特別な存在になります。

また、業者同士の付き合いでも、ある一定の取引をした会社に対しては信用があります。そのような関係性の積み重ねがあるからこそ、情報がどんどん入ってくるのです。

また、最初の1年は会社を大きくする、お金を稼ぐのが重要課題でした。

会社がスタートした当時、私は役員ではなく営業で、みんなと同じように歩合制にしていました。それが半年ほど歩合で稼いだところで「これではダメだ！」とわかりました。

売れば売るだけ自分の懐にお金が入りますが、それでは会社にお金が残らないので、半年後には給料を固定して役員におさまりました。

そして、投資家さんからの問い合わせに対応して、どんどんみんなに振るようにしていました。自分でとってきたお客様の案件を営業に振って、みんなが稼げるよう、フォローに回ったのです。

今ではもう物件を売ったり紹介もしていません。投資家さんと会って話をしたり、相談に乗るのが仕事です。

今、私がやっていることはちょっと変わったスタンスなのかもしれません。自分が最前線に出て戦わなくても、会社がまわっていく仕組みを作ったということです。

仕組みというほど意識はしていなかったのですが、かつて「クリスティ」の小林社長から「みんなにポジションを与えてあげないとダメだよ」と教わっていました。

実力のある部下には責任ある立場を任せるほうが人も育っていくと思います。とにかく、そのようなことを意識して任せるようにしたのです。

そして、会社にどんどんお金が貯まってきたら、給料をアップしてあげればいいだけの話です。「今月は利益が出たから全員にボーナスを出すぞ！」と激励すればいいのです。これも自分が営業活動をしなくても会社がまわる秘訣だと思います。

社長夫人との偶然の再会

そんな中、私を一人前の不動産屋にさせてくれた古巣の「クリスティ」の小林社長がなくなりました。それは平成28年3月のことです。

最初に「クリスティ」の店長が知って、すぐに訃報の連絡が私のところへきました。

「クリスティOB会」というLINEのグループがある

のですが、そこに「小林社長が亡くなりました」と誰かが入れたこともあり、私のところへすぐ「これは本当ですか？」と確認の電話がかかってきました。私自身、社長に会いたい想いがあり、「お線香をあげにいきたい」と、みんなで話していました。

そんなときに、富士企画のある四谷の銀行へ出向く機会がありました。まったくお付き合いのない、初めていく銀行でたまたま窓口に用事があったのです。

そして、ロビーに座って待っていたら、目が合った女性がいたのです。その人の口元が「新川さん」と言ったように見えました。しかし、私には見覚えのない人なので、「誰だろう？　どちらのお客様だろう？」と記憶をたどったのですが、それでもさっぱりわかりません。

そのうち背後から覗かれている気配を感じました。そして、「新川さん」と声をかけられたのです。振り返ると小林社長の奥様でした。

本当に偶然でした。奥様とは7〜8年はお会いしていませんでしたが、そのお顔を見た瞬間に私は涙が止まらなくなりました。

奥様は、社長が亡くなってから1週間が経っても憔悴して、1歩も外に出られなかったそうです。

最初に私と目が合った人、それはお嬢さんだったのです。お嬢さんとは会社で1度だけですが、遠くからお見受けしただけで喋ったこともありません。

ご主人を亡くされて、奥様がずっと家に閉じこもっているものだから、心配でたまらなかったといいます。

その日、3月29日は天気もよく、桜がキレイに咲いていました。

お嬢さんが「今日は暖かいし、気分転換に散歩へ行こうよ。散歩がてら銀行に行こうよ。私も一緒に行くから」と誘いました。

しかし、奥様は「行きたくない」の一点張り。それでも「たまには外の息を吸おうよ！」と半ば強引に連れ出されたのです。

それにしても、どうしてお嬢さんが私のことをわかったのか。いまだにわかりません。それこそ10年前に、本当に一瞬だけしか会っていないのですから。

後で知るのですが、生前に小林社長は、富士企画のホームページを見ていたそうです。そして、この辺を通る度に

「あいつはこの街で仕事をしているんだよ！」と言われていたそうです。

「あいつは社長になった。あいつに会ってみたいな」と。そして、「あいつは俺にできないことを楽しそうにやっている。あいつはこういうのうまいんだよな！」と。

それで奥様は、「それほど新川さんのことが気になるなら会いましょうか？」と口添えしてくださったそうですが、「いや、今の状態じゃ会いづらい。もっと俺が元気になってから会いに行く！」そうずっと言い張っていたのよ、と奥様から銀行のロビーで聞かされ、私は恥も外聞もかなぐり捨てて2人で泣きました。

そして、奥様とお嬢さんと「またお会いましょう」と誓い、そのときは別れました。

この再会は、もう運命としか思えません。小林社長が2人を会わせてくれたのだと思います。奥様も同じように思っていただいたようです。

古巣の「クリスティ」を引き継ぐ・・・

そして、2回目にお会いした際に、クリスティを私が継ぐ話がでました。

再会した際には私はずっと泣きながらしゃべっていましたし、奥様も泣いていました。そのときに「（会社経営を）やって欲しい！」と言われました。

帰り道、歩きながら、「確かに誰かがやらないと無理だよな」と思いながら、誰がやるのがベストだろうと考えるようになりました。

そして、「雇われ社長でも、なんでもいいので関わらせてください！」とお伝えしました。

結局、「クリスティ」は私に譲渡されることになりました。大きなお金が動くこともあり、手続きについては、そこは感情ではないところで話してもらったほうがいいということで、銀行員だった私の父が進めました。本当に父がいて助かりました。

先述した通り、富士企画での私はお客様とお喋りをするのがメインで、営業活動はしていませんでした。

みんなもう立派に育っていますから、私がクリスティに関わっても問題なかったのです。

とはいえ、クリスティでの業務もまったく富士企画と同じで人と会っているだけです。その相手が銀行であったり、お客様であったりの違いだけです。

今の私にとっては、お金を稼ぐのがメインではなく、投資家さんを育てることが主なる課題です。

区分マンションを1つ買ってもらい、それだけで終わる人もいれば、そこから1棟アパートに進みたいという人もいます。そうした投資家さんに次の道筋をつけるにはどうしたらいいのか。ただ営業に振るだけでなく、その先も考えます。

そのような点でいえば、1棟物件を主力とする富士企画に比べて、クリスティのほうが区分マンション、戸建て、一棟アパート・マンションまでまんべんなく様々な物件を扱っています。

また、これはたまたまですが、富士企画の社員は30代が中心、クリスティは20代の社員が占めています。そして、現在、富士企画の社員がクリスティに出向いています。

会社の歴史でいえば、クリスティの方が長いですが、営業のキャリアでいえば、富士企画の営業の方が実績はあるのです。

クリスティの20代の若い営業を、富士企画の営業が管理職となり育てており、相乗効果が生まれています。最初のころは社風が違っていましたが、今は似てきているように感じます。

私がクリスティを引き継いだのが平成28年7月3日の「波の日」です。これは私の造語です（笑）。5月頃から話しをしていて、7月から業務を引き継ぎました。

最初にオフィスに出向いたとき、社員は私が退職した当時と同じ40人ほどでした。当時から残っているのは数人だけです。

そこで感じたのは、オフィスがシンプルすぎて、居心地が悪く感じました。そこで壁のクロスを一面だけレンガ調に貼り換えました。それだけでも空気が変わると思ったからです。

事務所がつまらなくて、行ってもすぐに帰りたくなるほど居心地が悪かったのです。

しかし、かつてナンバー2だった私が退職しても、生き残ったのですから、会社としてのブランドがあるのでしょう。

このような言い方をしてはよくないかもしれませんが、不動産投資系にはレベルの低い会社も多く、儲け優先で倫理観が欠如した会社もあります。

それに比べてクリスティはブランドも信用力もあります。

かつて、小林社長がよく話していました。

「自分たちだけが儲かってもしょうがない。お客様にこそ儲けていただかなければいけない。だから、極力お客様の目線で物事を見てあげるのが大切なんだ。

　それを素でやればお客さんは成功して、自然にもう1棟買ってくださる。

　営業だから数字には当然こだわらなければいけないが、お客様目線に立つことを実践すれば自然と売れるようになるし、自然とリピーターも増えていくんだよ」


　この考えを引き継いで、今は全員で一緒に上がろうと思っています。

　全員というのは自分のまわりにいるすべてです。会社に勤めてくれているメンバーもそうですし、お世話になっている銀行や、なにより投資家さんの皆さん。せっかくのご縁があって、つながりを持てた皆さんと共にどんどん上がっていきたいのです。

　自分たちだけがうまくいっても面白くありません。引き継いだ「クリスティ」も、父と立ち上げた「富士企画」も皆さんと共に成長します。

　みんなに儲けてもらって、「あのときはこうだったよね、ああだったよね」という話を一緒に言えるのが私の理想なのです。

プールでサーフィン！シティウェーブ世界ランキング入り

　私は「富士企画」をスタートさせて以来、時間の自由を手に入れました。そこから、あえてこれまでの人生でやっていないことにチャレンジしています。

　ダブルフルマラソンやトライアスロン、スパルタンレース、5時間耐久リレーマラソン、富士登山などなど。

　とくに6年前から続けている滝行は、年に一度、毎年1月の恒例行事だったのですが、今年は毎月やっています。そして、平成から令和に変わりゆく今年をもって滝行は卒業する予定です。

　その代わり、またこれまでにしたことがない何かにどんどんチャレンジしていきます。こうして、経験していないことを1年に一つずつ経験していきたいと考えています。


　ここ2年、海だけではなくプールに通ってサーフィンをしています。海に週2、3回、プールには多い時は朝晩通っていることもあります。

　プールで行うサーフィンの大会「シティウェーブ世界大会」では、マスタークラスで去年は世界で13位、日本人の中では3位になりました。

　今年は新型コロナウィルスの影響を受けて、残念ながら日本での大会は休止となってしまいました。

　裏話もありまして、世界のレベルはとても高いのですが、日本で行われた世界大会でのマスタークラス（40歳以上）の日本人の出場者は私を入れて8人だけでした。つまり、参加しただけで10人内には入れるわけです。

　いってみれば参加人数が少ないからこその世界ランキングですが、チャレンジしてみなければこの結果は出ません。

　このように、やってみたいことはとにかく「やってみる！」という姿勢が大切だと考えています。

「やりもしないのに無理って言うな！」というのは、私の口癖でもありますが、多少のハードルがあっても、どんどんチャレンジしていきたいです。

　今年は世界大会に参加できませんでしたが、機会があれば海外で行なわれる大会にも参加したいと考えています。

第2章

これから始める方へ！
「令和版」不動産投資のステップ

第2章ではこれからでも使える初心者向けの不動産投資のノウハウをご紹介します。いつの時代であっても、不動産投資で押さえるべきポイントは同じです。不動産投資の基本を知ればリスクは減らすことができます。ポイントを押さえて着実に利益を増やしましょう！

1

初心者が物件を上手に探すコツ

物件を探す際は、「健美家」などをはじめとする、収益不動産のポータルサイトを使うのが王道でしょう。

主な物件探しの条件

立地	地方　or　都会 駅近　or　駅遠
築年数	新築　or　中古 築浅　or　築古
利回り	高利回り　or　低利回り

とはいえ、富士企画の場合、そうしたサイトに物件情報を載せていません。そのため、インターネット検索でまっさらな状態から当社を知る方はほぼおらず、新規のお客さんは紹介だったりセミナーに参加されたり、本を読んで知っていただいた方々です。

ただ、多くの不動産業者はそうした集客ではなく、シンプルにインターネットを通じた物件問合せによる集客をメインとしています。

そのため、ポータルサイトに自分の買いたい物件の条件を打ち込んで検索して、そこで気になった物件に問合せをしていくことになります。

次の項目からは、物件探しの条件を「立地」「築年数」「利回り」にわけて解説します。物件の種別については第4章からを参考にしてください。

2 物件探しの条件① 立地

なぜ不動産投資では「立地」が重要視されてるのでしょうか。それは入居率を左右するからです。

当然、都心の駅近であれば高い入居率を維持しやすくなります。

しかし、私が「地方で駅から離れている物件でも、入居率が高ければいいですか？」と聞くと、そうでもないと答える人が意外と多いのです。

これは「都内」「駅近」という名の「安心」を買っているのだと思います。こうした方の場合、「駅から近いほど利回りが上がり難い」という一般的事実を理解してくればいいのですが、たまに駅から近くて利回りが地方並みの物件を求める人がいます。

ただ「そういう物件はありません」と答えたら、そこでおしまいになってしまうため、ぎりぎりのラインで相場を見て探すことになります。

相場はネットで調べられます。

すると、同じ3000万円で同じ入居率でも、「駅近で低利回り」と「駅から遠くて高利回り」という2つの物件があります。この場合、高利回り物件が欲しければ、後者を選んだほうがいいわけです。

とはいえ、「やはり駅近のほうが安心」「建物が新しければ、駅から遠くてもかまわない」など考え方の違いもあるので、最終的には好みの問題となります。

重要なのは、立地の良さとは「都心」や「駅近」だけではないということです。

都内だけで見ても、駅から離れているものの、駐車場があって入居率が高い物件はごまんとあります。

そう考えていくと東京にこだわらず、千葉、埼玉、神奈川と視野を広げていくのもいいのではないでしょうか。

当社にお越しいただくお客さんのほとんどは、自分なりのルール（こだわり）をお持ちです。まさに「都心23区内がいい」「駅徒歩5分以内でないと怖い」というイメージです。

しかし、私たちはそうしたルールを広げていくようにお話しています。ルールを広げたほうがより良い物件を紹介できるからです。

間口は広いほうが選択肢の幅も広がります。当然、提案できる案件も増えますので、良い物件に出会える可能性も高まるわけです。

3 物件探しの条件② 築年数

築年数に関しては「新しい物件に越したことはない」に尽きます。これがシンプルで正しい考え方です。

新築物件のメリットは「壊れにくい」「手間が10年程度かからない」「家賃が高い」「融資を引きやすい」で、デメリットは「価格が高い」「利回りが低い」「家賃の下落幅が大きい」などです。

新築の利回りに関しては市況によって決められます。たとえば、8％で売れる市況だと思うなら8%の商品を作るだけです。


その上で知っておいてほしいのは、「新築だと10年程度、設備故障は起こりにくい」と言われますが、逆に「10年経ったら、何が壊れてもおかしくない」ということです。

したがって、中古物件は10年を過ぎたら、12年も15年もほとんど違いはありません。

さらに言えば築20年でも30年でもあまり大差はなく、むしろどれくらいリフォームをしているかがポイントになります。

ただし、20年と30年の違いも投資としては大きくないのですが、気持ちの面で「昭和築」と「平成築」は大きく異なると思います。

たった1年でも「昭和63年」と「平成元年」はずいぶんイメージが違って聞こえませんか?

今は令和の時代なので、昭和ともなれば、少し前の大正をイメージされるかもしれません。まだ影響はありませんが、今後は昭和の物件が出口を考えたときに売りづらくなる可能性はあります。

加えて言えば、人は「キリのいい単位」で思考するものです。

探している物件の条件を聞くと、「平成築、利回り10%、駅徒歩10分以内」と答える人は多くいます。

しかし、「平成2年築、利回り11%、駅徒歩9分以内」と答える人はいません。これはキリが悪い数字だからです。

これが「平成5年築」と答える人はいます。特に深い意味があるわけではなく、5、10、15という数字はキリがいいからそう答えているだけです。

また、築年数は構造によっても判断が変わります。構造によって耐用年数が異なり、金融機関の見方が変わってくるからです。

例えば、同じ築20年といっても、RC造マンションなら「まだまだ若い」となりますし、木造アパートだったら「あと2年しか残っていない」と金融機関は判断します。

そもそもの議論として、耐用年数が実態に即しているのかという疑問もあります。

木造の法定耐用年数は22年とされていますが、22年経ったからといって朽ちて住めなくなるわけでもありませんし、設備を入れ替えて大規模修繕をすることで長く使えます。

実際、平成元年前後の木造物件は市場でもっとも出回っており、それは20年前から変わりません。

築30年経った物件について言えば、まったくリフォームしていない物件は珍しく、水回りが交換されていたり、外壁を塗っていたりと、何らかの手が入っていることが多いです。

結局のところ、築年数については「新築がいいのか・築浅（築10年程度まで）がいいのか・築古がいいのか」という選択肢になるかと思います。

加えて築古物件であれば、築年数よりもリフォームの有無など建物の状態を重視すべき部分です。

建物の構造もそうですし、前オーナーがどれくらいリフォームしてきたかによって物件の実力は大きく異なるので、一概に築年数だけで判断はできません。立地さえ間違わなければ、古い物件でも室内がキレイであれば入居はつくものです。

ですから、築年数や駅からの距離など表面的な数字に振り回されず、管理会社や客付業者にヒアリングをして、入居付けできると言われたのなら大丈夫と判断してもよいでしょう。

前述した通り、多くの投資家さんは「平成築、駅徒歩10分以内、利回り10％以上」というキリのいい条件を提示しますが、現実には、駅徒歩15分以内に広げたほうが良い物件を提案されるケースは多々あります。

初心者の方であれば、細かい条件を伝えるよりも「入居が付いて、返済もきちんとできて、安定的に収益が出る、不動産投資初心者の自分が投資しても問題ないような物件を買いたいです」と伝えるほうが賢明でしょう。

4 物件探しの条件③ 利回り

不動産投資をしている人なら、誰もが「できるだけ高利回りの物件を買いたい」と望むに違いありません。

しかし、一般的には「利回りは上がり続けるものではなく、下がり続けるもの」です。

購入時は利回り15％だったとしても、だんだん家賃が下がっていき、数年後には12％まで落ち込んだケースはよくあります。

また利回りは、融資の状況、需要と供給のバランスで決まります。

融資が厳しい市況になり、買える人が少なくなると価格が自然と下がっていきます。逆に不動産が買いやすい状況で、買いたい人が増えてくると価格は上がります。

そこで、不動産業者が物件の売却依頼を受ける際には、「いくらで売れるのか」という相場を見ながら、「あの人だったら買ってくれそうだな」と予測するものです。

書籍を読んでいると驚くほどの高利回り物件を買っているケースが散見されます。また大家さんの会などで情報交換をしていると、羨ましい利回りで買っている話も聞くことが多いでしょう。

これが不動産業者の情報であれば、誇張した物件情報を載せるとコンプライアンス的にも問題になるわけですが、投資家さん同士の伝聞での場合、正確な情報が伝わらないこともありえます。

そうした情報に触れ過ぎていると、「あの人はこれくらいの条件の物件を買って成功したんだから、自分も妥協したくない」という〝ないものねだり人間〟になってしまう可能性があります。

そして私の経験上、〝ないものねだり人間〟の方々は、仮にその条件を満たす物件が見つかっても買わないものです。

「利回り20％になったら買います」と言っている人に「それなら、今のうちに買付け証明書を書いてください」とお願いするわけです。

その時点では指値が通る確証はありませんが、本気度を確かめるために買付け証明書を書くようにお願いしても、書いてくれた人はほぼいません。

つまり、買うつもりは初めからないのです。その投資家さん自身も本気で買えるとは思っていないのでしょう。

もしくは安く買えることにリスクを感じているのかもしれません。

安いということはリフォームが必要だったり、入居付けが難しかったり、出口が取りづらかったりなどのリスクを含んでいる裏返しです。

ですから、安く買えるといって必ずしも大喜びできるわけではないのです。

著名投資家さんの中には、いつの時代も良い物件ばかりを購入している人もいます。

それは彼らの人脈、実力があるからできるわけで、そのレベルに達するのはかなりハードルが高いと感じます。

5 購入指標をどのように決めたらいいのか

購入指標はあったほうがいいですが、狭すぎるのはよくありません。

「今、手元に500万円あるから、これで不動産投資をして○年後にはこうなりたい」というくらいに広く設定するのがおすすめです。あまりに限定的で根拠がないマニュアル主義で購入指標を決めないほうがいいでしょう。

中には、根拠があるマニュアルもあると思います。

例えば、「非正規社員や専業主婦なら、なんとしてでも300万円は貯めましょう」ということが根拠と共に書いてあった場合、自分がその属性ならアドバイスに従うのも正しいかも知れません。

ただ、最初のうちは「何が有益なマニュアル」で「何が無視すべきマニュアル」

なのかを見極めるのが難しいと思います。

これに関しては、いろいろな人の話を聞いていくしか解決策はありません。

誰に何を学ぶのかによっても答えが変わるので、大家さん仲間の集まりに参加して相談をするのもいいでしょう。

大事なのは、一人の意見ばかりに耳を傾け過ぎないことです。

本を読むとき、一冊だけ読んでいると、間違った刷り込みをされる危険もあります。複数の著者でテーマ（新築木造、中古戸建てなど）も様々なものを読むのが望ましいです。

何冊も読んでいくと、「ある本でおすすめされていたことが、別の本では否定されている」というシーンに何度も遭遇するはずです。

すると、「不動産投資に絶対的な正解はない」「自分なりの物差しを作る必要があるが、完全に満たすことはできないので、現実的な落とし所を見つけることが大切」と気づくようになります。

そうした思考を煮詰めていくと、自分の努力で埋められる部分、絶対に外したくないポイント、お金をかけてでも避けたいリスクなどが見えてきます。

6 問合せの基本ルール

物件を問合せるときのポイントは、「資料請求するのはいいが、本気で向き合うつもりがないのなら業者を動かしてはいけない」ということです。

気になった物件があったら謄本や公図、測量図などを気軽に請求する人がいます。しかし、謄本を用意するのにはお金がかかりますし、実力のある営業マンほど忙しく、すべての方々に対応する余裕はとてもありません。

まったく買う気もないのに、そうした〝気軽なお願い〟を何度もすると、「この人は本気で買うつもりはないんだな」と営業マンに思われてしまう可能性が高いです。

「どういう人が売主なのか」「どんな人が住んでいるのか」「売却理由は何なのか」などの情報を知りたがる投資家さんもいます。

しかし、「売却理由」を質問したところで「資産整理です」という回答が大半です。

何かの理由があっても資産整理と答えるのが一般的であり、「売り急いでいる」という回答が来るケースはまずありません。

実際には売り急ぎ物件も存在しますが、そのような情報ほど表に出す前に懇意にしているお客さんへ流れるものです。

不動産業者が知りたいのは、「買いたい金額」です。

それがわかれば話はスムーズですし、他のオーナーよりも優先的に進めたいのなら、まずはここから伝えるべきです。

購入前には謄本はもちろん、公図も測量図も確認しなければなりませんが、少なくとも問合せ時には必要ない情報だと思います。

営業マンも仕事ですから手間がかかることでも対応しますが、おそらく長期的には一生懸命になれなかったり、関係が短く終わるかもしれません。

私も営業マンには、「資料請求の対応は大切だけど、無駄なことをやっているようにも見えるから、何が目的で資料が欲しいのか確認したほうがいい」と指示しています。

本当に謄本を必要としている人なら自分で取得するケースもあります。

謄本は誰でも法務局に行けば取得できるので、スピードをもって融資先にアプローチしたい投資家さんほど自分で手に入れてしまうものです。

しかし、そうした人はごく少数で、大半の人は問合せの段階で、備考欄に「謄本・公図・測量図を送ってください」とあきらかにコピペした箇条書きを送ってきます。

情報をしっかり得ることはセミナーや大家さんの会などでよく言われていることでもありますから、ファーストコンタクトでそれを言ってくる人は営業マンから「どこかのセミナーで学んだ人なんだ」と認識されます。

その後に話をして、それを元に銀行へ打診する人や、謄本から情報を読み取る力がある人とわかれば問題ありませんが、多くの人は「誰かにやれと言われたから何となくそれをしている」というような印象を受けます。

物件を問合せるときは、「資料ください」とだけ書くのが最もおすすめです。大抵、販売図面、レントロール、地図が送られてきます。

ファーストコンタクトはそこで十分かと思います。

話が進んで融資を打診する段階に入れば書類はそろうものです。謄本やその他の詳細資料については、最初の資料を見て購入検討に入ってからにしましょう。

価格と場所で概ね判断し、そこから本当に必要な資料だけ請求する、というのが物件を問合わせる際の正しい流れです。

不動産業者の中には、何でも言われるがまま対応するところもあります。

しかし問合せ件数が増えると、そのような対応を一つひとつこなすのは不可能になって、1回のやりとりで「買わない人だ」と見なされる人も大勢出てきます。

ファーストコンタクトだけで終わってしまうのは、非常に残念なことです。

当たり前だと思っていた資料請求が、実は営業マンがオーナーを選別するポイントでもある、ということをぜひ知っておいてください。

7 問合せ後の行動

問合せをした後に物件が気に入ったのであれば、ぜひ現地まで行って物件を見ましょう。

見学の際は不動産業者と一緒に行くことをおすすめします。そこでプロの目線からどう判断するのか意見を聞くのがいいでしょう。

当社の場合も物件を一緒に見に行き、やめたほうがいい物件であれば、その旨を正直にお伝えしています。無理に買うことよりも、お客さまに利益を出してもらうことが大事だからです。

また、人気物件はすぐに決まってしまうので、物件資料をもらったらその日のうちに見に行くスピード感が大切です。

昔は土日でもよかったのですが、今は探している人が圧倒的に多くなっています。ご自身がネットの情報を見て「いいな」と気に入った物件は、他の人も同じように感じているはずです。お仕事が忙しいかもしれませんが、その日のうちに行くことをおすすめします。

8 不動産業者と上手に付き合う方法

「不動産業者のことを敵だ」と考えている投資家さんは思いのほか多いものです。

しかし、これはポジショントークでもなんでもなく、不動産業者を味方にすれば、「これほどまで助けになる人たちはいないな」と納得してもらえるはずです。これは不動産業者だけでなく、金融機関に対しても同じことが言えるでしょう。

営業マン同士でも「あのお客さん、なんとかしてあげたいんですよね」という会話は日常的に交わしています。

これは、みなさんと営業マンが初めて物件を見に行き、帰り際に「あの営業マン、良かったな（ダメだな）」と思ったり、その感想を誰かに伝えたりするのと同じ感覚です。

そういう会話をお互いにしているわけですから、双方が「良い人だな」と思えなければ、本当の意味での強固な関係性は築けません。

ですから、作られたような文章を書いたり、誰かの受け売りの言葉を使ったり、「不動産屋なんて良い物件を紹介すればいいんだよ」という姿勢で接していると、こちら側も「では、良い物件があったら紹介しますね」とだけ言って、関係はそこで終わってしまいます。

不動産業者から信頼される・好まれる人の特徴は、「なんとかしてあげたい」と思わせる対応が（意識的・無意識的にせよ）できることです。

これはどんな仕事でも同じかもしれませんが、「あの人、良い人だからなんとかしてあげたい」「この人、騙されそうだからうちでなんとかしてあげたい」と思わせる人は、どこに行っても誰かが助けてくれるものです。

この真逆のタイプが「良い物件があったら何でも買うから紹介してよ」というスタンスの人です。

また、初心者向けの書籍には「投資指標を決めて、それをきちんと伝えるのが大切」とよく書かれていますが、これはそのとおりで「どういう物件が欲しいのか」「なぜその条件なのか」「いつまでにどうなりたいのか」と伝えるべきです。そうすることによって、条件に見合う物件が出たらご案内もできます。

しかし私の経験上、実は提示した条件をクリアした物件が見つかっても買わない人はたくさんいます。

これは価格帯が厳しかったり、資金が足りなかったりなど現実的な問題もあるのですが、気持ちの面も大きいようです。

「○○に当てはまる物件を探してくれたら絶対買います」とは言っても意外とそうはいかないものです。

おそらく「自分は買えるんだぞ」というアピールだと思うのですが、実際は年収や勤務先、自己資金などの情報を聞いて初めて買える人なのかどうかがわかるわけで、「僕は大丈夫ですから」と自信を持って何も教えてくれない人の言葉はあまり信用していません。

ですから、自分は買える人間だということを説明したければ、年収や自己資金がわかる資料や、所有物件の一覧表などを見せるべきです。

このとき重要なのは「ポジティブな情報もネガティブな情報も両方見せる」ということです。

一般的に人というものは、ネガティブな情報を隠したがる傾向がありますが、不動産業者としても「この人どうなのかな」と思って見ているわけです。

お互いに見えない壁を感じながら喋っているので、「この人、何か隠しているな」と感じたら、やはり信頼度も薄れてしまいます。

「良いものがあれば買う」という人の大半は、買うための準備ができていない場合もあります。

買うための準備とは、買うまでのストーリーを描き、そこから逆算して行動することです。当然、買うことを前提としているので決断スピードは速いですし、常に先手を考えているものです。

しかし準備ができていないと、前述した〝ないものねだり人間〟になりがちですし、「購入」ではなく「検討」をゴールに設定しているので、いざ良い物件が出ても前に進める決断ができないのです。

〝ないものねだり人間〟になりがちなのは、いわゆる成功談を信じ込んでいるからです。好条件の物件は、タイミングによるところが大きいものです。

10年前と今ではまったく状況が変わります。

使える金融機関、不動産業者やプレイヤーの数もまったく違いますから、その当時の書籍を読んで「この投資法でやろう」と思っても現実的でない場合もあります。

もちろん、そのころの書籍には今でも役に立つ情報がたくさん書かれた名著も多いですが、時代が違うと認識して、数字の部分だけを鵜呑みにするのはやめたほうが良いでしょう。

9 初心者がしがちな失敗

様々な悩みを持つお客さんの相談に乗っていると、「誰にそんなことを言われたの？」と不思議な気持ちになるときが度々あります。

例えば、何かを提案したとしても「でも、こういうことも言われていますよね？」と、自分以外ではない誰かの意見を参考にしているのが見え隠れするのです。

ただ、「そういうケースは、特に初めて不動産投資に関わる方にはよくある」と営業マンにも伝えています。

いろいろ調べたり、仲間同士で相談しあったり、もしかしたらコンサルなどの意見も参考にした上で問合せをしているので、中途半端な知識を持っている人がいるのも珍しくないと考えたほうがいい、と。

中には、どこから聞いたのか「ネット掲示板の『ジモティー』で職人を探すのがいい」と言い出す初心者の投資家さんもいます。

しかし、ジモティーを見ているような業者の多くはあまり忙しくない、言い方は悪いですが「暇な業者さん」というケースが多々あります。

そうした業者を経験の浅い大家さんがコントロールできるのでしょうか。その工程や作業効率、仕上がりなどをしっかり判断する目があるのかということです。

慣れている人であれば、コストを安く抑えられますが、初心者の方には難易度が高いです。そうしたことも知らず、どこからか仕入れてきた情報を信頼しきってしまうのは危険だと思います。

受け売りの言葉というのは自分の頭で考えたものではないので、やはりブレがありますし、感情が乗っていないので相手に伝わりません。

今は知識を入れ過ぎたり、大家さん同士で話し過ぎたり、コンサルに逐一相談したりして、自分の基準がない〝マニュアル思考〟の人が増えています。

自分の頭で考えることは、コツさえつかめれば難しくないと思います。

ただし情報があまりにたくさん出ているので、真面目で賢い人ほど頭でっかちになって本質を見失いがちです。

営業マンに対しても、あまりに細かく詰めすぎると煙たがられる可能性はあります。

そこはいくらビジネスとはいえ、人間と人間のコミュニケーションなのですから、「この人とはできるだけ関わりたくない。もう面倒くさいな」と嫌われてしまったら、長期的な関係は築けません。

管理会社でいうなら、１００戸、２００戸所有しているオーナーのほうがビジネス的に上客なわけで、数戸程度のオーナーが同じ扱いを受けるのは難しいかもしれません。

他にも、北海道や関西の物件を東京在住のオーナーが遠隔で運営している場合、あまり口うるさく言うと手を抜かれるかも知れません。

「お金を受け取っているんだから、きちんと対応して当たり前だ」という気持ちももっともです。

しかし、どんな仕事でもそうですが、お金だけで解決できない部分は多かれ少なかれあります。特に現場で働く人の気持ちは難しいものです。

お金を払うからには、誰しもベストパフォーマンスをしてほしいと願うはずです。口うるさく言うくらいなら、感謝の気持ちを伝えたほうが良い結果が出ると思います。「お金を払っているのに、これだけのことしかしてくれないのか」と文句を言うよりも、「ここまでしていただいて、ありがとうございます」という感謝の精神です。

日本では「お客さま＝神さま」と考える文化が根付いており、それが高いホスピタリティにつながっていると思うのですが、賃貸経営においては「ビジネスパートナー」として向き合うのが理想的でしょう。

何棟も買っている人は、間違いなくある程度のことは目をつむった経験があるものです。そうやって業者と太く長く付き合った結果、いわゆる川上の情報が回ってくる関係性を築くことができるのです。

10 マニュアル投資家にはなるな！

ここまで何度か出てきましたが、書籍に書かれていること、セミナーで学んだことをそのまま行う、〝マニュアル思考〟の投資家さんがいます。

最近に多いのがプロフィールシートを持ってくる人ですが、それはとても助かります。しかし、この人はいろいろな不動産業者を回っていることが分かります。それが「いいか・悪いか」ではなくて、営業マンから見て一番になるかどうかになる観点でいえば、一番にはなりにくいと思います。

最初から値が付いていない状態での話（いわゆる川上の情報）とは、まず信頼関係ができているかどうか。その上で「資金があり、融資も受けられて決断も速い」と業者に思われている人から順番に来るものです。

また、ボロ物件の場合、後から不要なクレームが来るかどうかも判断基準となります。築年数が経っている物件だと価格が安い分、壁や床を開けたらシロアリがいたケースもあり得るので、そういう事情を理解している方が望まれます。

他にも「指値を入れたのなら、絶対に買う」と決断することも大事なポイントです。「何らかの問題があるからこそ安く買える」くらいのスタンスでないと、築古の物件はおすすめできませんし、そもそも紹介してもらえない可能性もあります。


もちろん、マニュアルを基本にするのも間違っていません。

良いと思ったところは真似てもいいでしょう。多くの成功者は真似を繰り返すことでオリジナリティを獲得しています。

ただし、言葉は他人の受け売りではいけません。自分の言葉で語る必要があります。

セミナー講師やコンサルなどは、その人だからこそ実現できたノウハウもたくさんあるはずです。逆に言うと、その人でないとできない・・・例えば、人柄や話術や雰囲気など真似をするのが難しい部分もたくさんあります。

特に不動産業者、金融機関、リフォーム業者、管理会社、自主管理の場合なら、入居者など対人間に関するノウハウは属人的なものなので汎用性はありません。

また、管理会社といっても地元系なのかフランチャイズ系なのかによって違いますし、入居者も高属性なのか生活保護なのかによって違います。

こうしたことをすべて学んで、マニュアルを身に付けてからスタートするなどが不可能です。やりながら覚えていくしか方法はないのです。

11 悪徳業者に騙されないために

もちろん、私たち不動産業者の言うことがすべて正しいわけではありません。人間である以上、思考に偏りがあるのは避けがたいことですし、中には残念ながら悪意のある業者、ポジショントークばかりしている業者もいます。

ここ数年で、不動産投資業界の汚い部分（新築ワンルームを買って失敗した、悪徳業者に強引な営業をされて騙されたなど）を取り上げるニュースも増えました。

その結果、「やっぱり騙す不動産業者がいるんだ」と恐れを抱き、情報過多になっている人も多いのではないでしょうか。

では、どういう業者であれば信用できるのでしょうか。

一つの基準は、「設立から10年以上経っているか否か」です。リーマンショックを経験している企業は、不況を乗り越えているので一つの目安となります。

また、「金融機関からの信頼を得ているか」も重要です。

例えば、一部の都市銀行や地銀では独自の基準で取引業者を絞っているケースがあります。過去に不正を行った業者は淘汰されていくので、金融機関の幅も非常に狭いものです。

他にも、悪徳というわけではありませんが、マイホームがメインで収益不動産の取り扱いに慣れていない業者もあるので注意が必要です。

賃貸経営の知識が不足しているので、余計なトラブルが発生する可能性もありますし、レントロールを必要なタイミングで出してくれないなど不満が溜まるケースもあります。

また、収益物件と一口にいっても、一棟物件なのか区分マンションなのかも分かれます。

したがって、その業者の得意分野を把握して、その上でアドバイスを求めたほうが有益な回答が得られる可能性は高くなります。

業者を把握する過程で知識のない業者である事実や、専門が違う物件を扱っていること（それが理由で物件が安く買えることもあるので、専門が違うからといって良くないということではありません）が理解できれば、投資家さん自身も気を付けるポイントがわかってきます。

また別のケースで、物件購入後に空室が相次いで出たら「騙された」と思ってしまうものですが、不動産業者からするとよくある話です。

これは可能性の話です。

売買契約時に満室だったものが、その後の融資審査で1カ月以上かかるケースもあります。

そうなると入退去が伴うのは仕方がありません。満室物件の退去もあれば、空室物件の入居もあり得るのです。

それでも「繁忙期なので、すぐに募集できますよ」だとか、学生街の物件だったら「このタイミングで購入して、もし空室が出たら1年程度空く可能性がありますが、いいですか」と先手を打って伝えることもできます。

これらのことは、経験の豊富な業者であれば事前に説明してくれるのですが、知ったかぶりをしたり、まったく答えが出てこなかったりする業者も珍しくありません。

そう考えると、これは不動産投資に限った話ではないですが、やはり専門の業者に選ぶのが好ましいです。

第3章
融資

不動産投資の特徴として「融資によるレバレッジ」が挙げられます。一昔前の不動産投資ブームでは簡単にハイレバレッジ投資を行うことができましたが、今の状況はだいぶ変わってきています。ここでは初心者の投資家さんからの質問を交えてわかりやすく解説します。

1 不動産投資における「融資」の基本

不動産投資の特徴には、銀行などの金融機関で借り入れる「融資によるレバレッジ」があります。

現金で購入する投資手法もありますが、限られた現金を使って不動産投資をした場合、いずれキャッシュ切れを起こしてしまいます。

また、現金を使って戸建てや区分マンションを購入していく手法は堅実ではありますが、スピードが遅いという欠点があります。

一方、融資を使うことによって、少ない資金で大きな投資をすることが可能となり、スピードを持った不動産投資ができます。

株式投資や投資信託、ＦＸといった他の投資ではこうしたレバレッジをかけられません。

そのため「融資によるレバレッジ」は不動産投資だからこそ使える大きなメリット

融資によるレバレッジ

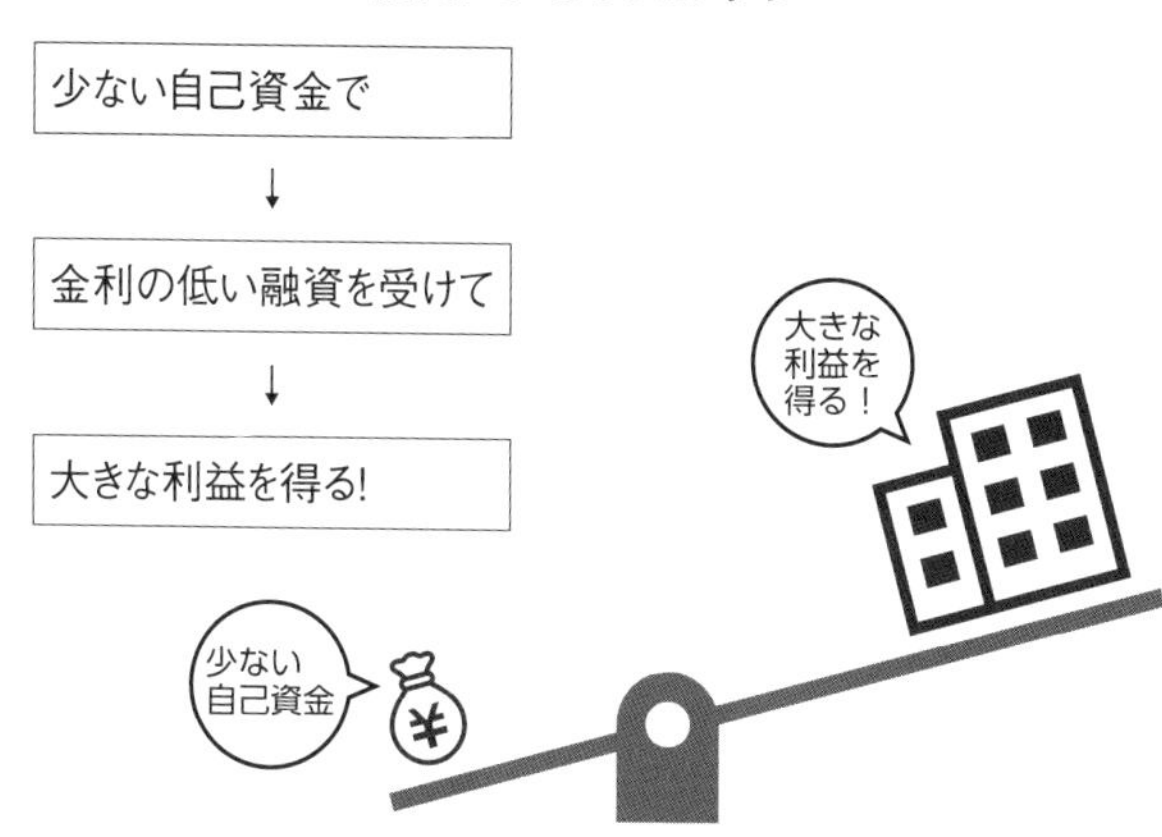

なのです。

とはいえ、気を付けるところもいくつかあります。

少ない元手で大きな融資を受けることは、利益も大きくなりますがマイナスに転じた場合、損益も大きくなってしまいます。

また、融資はその時々によって大きく変わります。

ほんの数年前はフルローン（満額融資）、オーバーローン（諸費用を含めた融資）などを受けることもできましたが、直近をいえば第1章に書いたように、頭金は少なくても1割、多ければ3割程度を出さなければいけません。

さらに金利条件や融資期間なども時代によって変わっていきます。同じ金融機関でも手のひらを返したように、変わってしまうことも多々あります。

そのため、最新情報は常に得る必要があるのです。その上で、どのような融資を自分が使えるのか把握しておきましょう。

2 金融機関にはたくさんの種類がある

ご存じの方も多いでしょうが、金融機関には種類があります。

誰もがその名を知っている都市銀行。その他、地方銀行、信用金庫、信用組合にノンバンク。政府系の金融機関である日本政策金融公庫もあります。

どの金融機関を使えるのかと言えば、その人の属性によります。

属性とは、年齢や家族構成をはじめ、年収、職種や勤務先などの社会的背景、保有資産などの経済的背景のことで、融資を申込む際に最も重要視されます。

金融機関から見て、「この人にお金を貸してもいいのか」という判断材料です。

また、物件評価の仕方も金融機関によってまちまちです。収益性（その物件が稼ぎ出す力）を重視する金融機関があれば、積算評価（各金融機関の基準による土地と建物の評価額）を重視する金融機関もあります。

正確に言えば、収益性と積算評価のどちらも見ているのですが、金融機関によってその見方のバランスが違うのです。

前述したように、この評価方法も時期によって変化するため、外から見ると非常にわかり難いものです。

加えて、金融機関によって融資にも種類があります。

アパートローンという住宅ローンに似た性質の融資商品と、そのようなパッケージ型の商品はなく、個別に審査をして融資をしていくケースがあります。

この場合に基準となるのは年収で、安定的な本業の収入がある人ほど信頼度が高くなり、大きな金額が借りられます。

個別に審査をしていく融資は、一般の事業融資と同様となり、物件の収益性と担保価値が重視されます。

とはいえ、借りる人の属性も重要で、年収が高く資産背景がしっかりしているほうがより有利な融資を受けられ可能性が高いです。

3 融資を受ける順番がある？

当社に来られるお客さんの年収のボリュームゾーンは、500万円前後です。このくらいの年収の方が融資を受ける際、どのようなことを知っておけばいいのでしょうか。

まずは融資の順番です。

融資の順番には、王道と呼ばれるものがあります。都市銀行・地方銀行・信用金庫・ノンバンクという順番で融資を組むことです。

とはいえ、その人によって使える金融機関は変わりますし、市況にも大きく影響されますから、「初心者は、○○銀行がいい」と一概には言えません。

例えば、「年収の○倍までなら融資可能」という基準も、金融機関によって変わります。ノンバンクなどは、そもそものような基準がありません。

本来であれば、最初は最も融資条件の良い金融機関を使って、一棟物件を買うのが順番的にはおすすめということになります。

ただし、金融機関によって年収制限がありますし、物件についてもその金融機関ならではの基準があります。


とある銀行では、物件のエリア毎に金利が異なります。「国道16号線の内側なら○%だけど、外側なら○%」というイメージです。

信用金庫であれば、自分の選んだ物件が営業エリア外にあって融資を受けられないケースもよくあります。

そうなると属性が合致していたとしても、この金融機関でなく別の金融機関のほうが適していることになります。

まずは一棟目を購入する際に、「この金融機関で借りたい」と考えて検討するのはいいのですが、「○○銀行じゃなきゃダメ」「○○銀行では借りたくない」などと、固執し過ぎると買えなくなってしまいます。

ノンバンクは金利が高いことから、ネガティブなイメージを持つ方がいるかもしれません。しかし、ノンバンクで融資を引いて成功している大家さんはたくさんいます。

また、今の市況では都市銀行で融資を受けるのは難しいです。

例えば都市銀行の場合、融資期間は最大でも残存期間になるため、築10年の木造だったら12年までしか借りられません。築18年だと4年しか借りられないのです。

それでも、返済比率のバランス的に問題がなければ、都市銀行を選択するのも一手です。給料が高い人であれ返済比率が高めであっても、月々のローン返済は可能でしょう。

融資期間が短くても、金利が低いわけですし、完済後は無担保物件が手に入るので、数年間持ち出しが発生しても貯金しているという考え方もあります。逆に融資期間が20年、30年と長くなると、キャッシュフローは出やすいですが、残債はなかなか減りません。

いずれにせよ、何を優先するかの違いであり、投資手法にも様々な種類があるように、融資の受け方にも種類があるのです。

4
投資家さんからの質問①
金融機関はどうやって開拓をするのか？

自分がどういう融資が受けられるかを知るためには、何をすべきなのでしょうか。

金融機関に直接聞きに行くことも間違ってはいませんが、不動産会社に聞けば簡単に答えが出てくるはずです。

ただ、「自分はどれくらい融資を組めますか？」と質問するだけでは回答はもらえないかもしれません。あくまで「物件を買いたい」という気持ちがある前提になるでしょう。その際、年収、所有資産、家族構成、実現したい生活などを説明して、その上でアドバイスをもらうことになります。

また、初心者の方が金融機関へ聞きに行っても、「物件を持って来てくれないと判断できません」と追い返される可能性は十分にあります。

不動産会社でも、融資のアレンジができる会社とできない会社があります。

融資に詳しいかどうかは直接聞くのが一番です。物件を探すときに業者の融資アレンジ力の有無は分かりませんので、良い物件があったら「融資を受けてこれを買っていきたい」と伝えて、そのときに「融資はご自身でアレンジしてください」と言われたら、その業者は融資が弱いと言えます。

ここまで読んでいただければ分かるとおり、当社は物件をご購入いただいたお客さんに対しては融資のアレンジを行っているのですが、業界内では行っていない会社が意外と多いのです。というのも、「融資だけやってほしい」という方々を何度も見てきたからです。

中上級者になると、知り合いの大家さん仲間の紹介などで融資先を見つけてくる方もいますが、初心者にはかなりハードルが高いと思います。

有名大家さんの中には「金融機関は自分で開拓しなさい」と言う人もいます。

しかし金融機関からすれば、初心者をいちいち対応するのは非常に煩わしいと感じられることが多いようです。

実際、当社のケースでいえば、飛び込みで営業したとしても、10行電話して話が前に進むのは1行程度です。

不動産会社が電話しても、これまでに関わりがない銀行だと、「今の時期は厳しいですね」と軽くあしらわれるほどです。

このように難易度が高いので、初心者が金融機関の開拓を無理に行う必要はないと思います。ただし、仕事で付き合いがあるケースや、力のある大家さん仲間に紹介してもらえるといった事情があれば、話は別です。

それ以外の人がいくら頑張ったところで、「物件を持って来てください」と言われて、その先の進展は見込めない可能性が高いでしょう。

また、仮に「5000万円までなら大丈夫です」と言われたとしても、担当者を教えてもらって突っ込んだ話をすると、実は「融資期間が短くなります」などと条件が良くないことも多いです。

そうした事情を理解せず、「5000万円までなら大丈夫と言われました」と来る方もいるのですが、残存年数を確認していなかったりします。

住宅ローンのように30年、金利0%台で借りられるものだとイメージだけが先行している人も多いです。

銀行の融資担当者は常にいろいろな相談が来ているので、電話では「物件を持ってください。おそらく融資は出ると思いますよ」くらいのアバウトな対応をするケースも珍しくありません。

それを真に受けて、散々振り回されて、ようやく担当者にたどり着けても「融資期間は短いですよ」と無情な返答に落胆するだけ・・・。そうしたパターンはありがちです。

そのため、前述した例外を除き、初心者の方で「銀行はこちらで何とかするから大丈夫」「個人情報だから」と情報を開示してくれない人には、物件を紹介するのは難しいと考えます。

私たち不動産会社は情報を開示していただかないと仕事になりません。

年収や資産背景をどんどん聞くのは、そうした情報を知らないままでは融資のアレンジも投資のアドバイスも何もできないからです。

人によっては「個人情報を聞いてくるなんて怪しい」と思われるかも知れませんが、そういうものだとご理解いただきたいと思います。

5 投資家さんからの質問② 最初に自己資金はいくら必要？

かつてはフルローン、オーバーローンが当たり前の時代がありました。

しかし、今は頭金で物件価格の1割から3割必要というのが一般的になっています。中古だと購入後にリフォームなどの費用がかかる可能性があるので、貯金0円では不可能だと思ってください。

もちろん、規模によってはフルローンが引けたり、リフォーム込みのオーバーローンを引けたりする可能性もゼロではありません。その場合、自己資金は使わずに物件が買えることになります。

ただ、返済比率が高くなるため、可能であればある程度の頭金を出したほうがいいでしょう。

こういうことを言うと、「頭金を出すと、次が買えなくなる」と心配される人も多いのですが、買えないのなら買わなければいいだけの話です。

今はお金を出さないと物件を買えない時代なので、無理やり買おうとするならイレギュラーな手法を取らざるを得ません。

できるだけ現金を入れたほうが1物件買った後にお金も貯まりやすくなります。

私の知る投資家さんでリーマンショックの直前に購入した人の中には、経済危機による派遣切りなどによって、家賃下落、滞納、長期の空室などに悩まされた人もいました。

それでも乗り切れた理由は、頭金2～3割入れて、かつローンが15年程度だったからです。

このことからもわかるとおり、現金を入れておくのはかなりのリスクヘッジになると言えます。

6 投資家さんからの質問③ 適正なローン返済比率はどれくらい？

自己資金を入れないと、返済比率が高くなります。

返済比率は40、50％の人もいれば、私のように100％という人もいます。100％ということは、入ってくるお金がすべて出ていくので、何か起こったらすぐ持ち出しになります。そのため、100％という人は少なく、50～80％程度の人が多いです。

それでも私が100％なのは、事業者であり、本業で返せる自信があるからです。同じような考え方で、1000万円の融資を引いたとしても、1000万円の貯金があれば返済比率が100％でも不安を抱かなくなります。

返済比率が低いと月々の支払いは少なくなりますが、金利ばかり支払うことになります。

また、個人所有の収益不動産は5年以上所有し、長期譲渡になって売却を考えるとき、元本がどれだけ減ったかどうかは重要なポイントになります。

返済比率は、例えば6戸所有している人と60戸所有している人では、考え方が違います。

初心者の人で戸数が少ない物件を買った人なら、返済比率は低いほうがいいでしょう。それゆえに、初めて区分や戸建てを買う人が現金で買うのは理にかなっていると思います。

3戸から4戸になるときに融資を引けば、その物件の返済比率が非常に高くても、他に2つ物件があるので、返済比率を実質的に低くしてくれるからです。

また、一棟物件を買う際に、30戸程度の大型物件であれば、そのうち10%程度減っても大丈夫と言えます。

「新築区分マンションを買ってはいけない」と一般に言われていますが、それは返済比率がマイナスとなり収支がまったく合わない上で、マイナスになった分を税金で取り戻す戦略だからです。

返済比率の考え方は様々で、「高い返済比率で返していくのか」「返済比率を低くしてキャッシュを貯めるのか」という2つのバランスを鑑みる必要があります。どちらが正解というわけではありません。

ただし、返済比率が70%を超えるとリスクが大きくなるので注意が必要です。それでも前述したように、100%でも大丈夫な人はいるので絶対ではありません。

7 投資家さんからの質問④ 借換え・金利交渉はいつやるべき?

金利交渉は定期的に行うのをおすすめします。また、金利が高くて収益を圧迫するような状況であれば借換えも検討します。

ただ借換えの場合、満室経営をして財務状況が良くなければ難しいと言えるでしょう。このあたりの細かい条件は、金融機関やその支店によって異なります。

よく「1期は運営してからでないと借り換えはできない」などと言われますが、必ずしもそんなことはありません。

借換えをする際の金融機関は、ご自身で探すしか方法はありませんが、物件がある状態で行くので、飛び込みで融資依頼をするよりもハードルは低いはずです。

なお、借り換え前提で融資を組むと、借換えをされた銀行からの印象は悪くなり、二度と借りられなくなる恐れもあるので注意してください。

そうでなくても借り換えをした場合、一般的にはその担当者から融資を引けなくなります。「あんなに苦労して融資を通したのに・・・」と思われるからです。可能ならば担当者が異動してからのほうがいいでしょう。

いずれにせよ、借り換え前提での融資はおすすめできません。借り換え前提では金融機関との関係が壊れることにつながりかねません。

今の市況をいえば、どちらかというと「貸してくれて助かる」という姿勢が主流です。

金利交渉は世の中の情勢を見て、あきらかに金利が高ければ交渉しましょう。

ただ、これは変動金利のケースです。固定金利で借りている場合は、その期間内で借り換えしたり売ったりすると、違約金が発生する恐れがあります。また、金融機関によっては金利交渉が一切できないケースもあります。

第4章
戸建て投資

第4章からは物件種別にわけて、不動投資の手法をご紹介します。まずは初心者に人気の高い「戸建て投資」です。融資が厳しい時期に人気のある現金投資では、価格帯の低い戸建て投資は現実的です。物件の選び方から注意点、事例も合わせてご紹介します。

1. 戸建て投資は現金派におすすめ！
2. ファミリー向け物件だからこそ長期入居が見込める
3. 退去されると家賃収入がゼロに
4. 家賃相場を調べる際は、
平均値を見るのではなく物件個別で見ていく

1 戸建て投資は現金派におすすめ！

戸建て投資とは、戸建て住宅を賃貸用として貸し出す投資です。立地や面積にもよりますが、数百万円程度から購入することができるため、「借金をせずに現金で投資を行いたい」という初心者に人気があります。安い物件に関していえば、築古でリフォームが必要な物件が多くなるため、リフォーム費用も必要です。また、価格の低い物件では融資を使うのは難しいケースがあります。これは区分マンションも同様です。

2 ファミリー向け物件だからこそ長期入居が見込める

戸建てのメリットは、ファミリー向けとなるため退去が少ないことが挙げられます。

ファミリー向け戸建ての特徴

- 駅近よりも学区など居住環境を重視
- 集合住宅ではないので騒音トラブルが起きにくい
- 長期入居が見込める
- 戸建ては数が少ないのでライバルがいない
- 共有部の管理をする必要がない
- 投資用、マイホーム用と両方への売りが可能

利便性も必要ですが住環境を重視されやすく、駅からの距離よりも大切ですが、近くに学校やスーパー、病院の有無も重視されます。

また、騒音に対する近隣クレームがマンションよりも少ないこと、共有部の管理、掃除がそもそもないのも強みと言えるでしょう。

そのため自主管理で運営する投資家さんも多いです。

他にも出口を考える際にオーナーチェンジで売却に加えて、マイホーム用としても売ることができます。

マイホームを取得したい層の場合、買主さんは投資目的ではないので、収益物件として売るよりも高い値段がつく場合があります。

もちろん、その逆もあり中古住宅としては古くて売り難いような物件が、収益物件のオーナーチェンジでは高く売れることもあるため、どちらで売ったほうが

有利なのかよく検討しましょう。

3 退去されると家賃収入がゼロに

デメリットは、1物件に対して1世帯の入居が基本となるため、退去されると家賃収入がゼロになることです。

また基本的に戸建ては、単身向けの物件に比べて面積が広いので修繕費がかかります。ファミリー向けが多く長期入居が見込めることから、長年住んだ入居者が退去した際には、部屋がかなり使い込まれているケースも多いです。そのため、設備の交換が必要だとすれば、修繕費はかなり高くつきます。

現金で購入する場合は買い進めのスピードが遅くなりがちなので、短い期間で規模拡大したい人には不向きです。

ただし、不動産投資はスピード・規模拡大ばかりを重視しなくても良いと思います。現金で購入すれば返済リスクもなくマイペースで投資できます。それでも、普通預金よりも利率は格段に良いです。

4 家賃相場を調べる際は、平均値を見るのではなく物件個別で見ていく

最近、融資が厳しいので、築古の戸建てを安く購入して、ＤＩＹしてから運用したいというニーズが増えています。

しかし話を聞いてみると、その多くはＤＩＹ未経験者です。

もちろん、ＤＩＹで成功している投資家さんもいますが、自身の知識や経験があることはもちろん、周囲の助けをうまく得ながら投資しています。

最初からすべて自分でＤＩＹを行うのはハードルがかなり高いかもしれません。

したがって、「築古戸建てを買ってＤＩＹして貸し出す」という投資スタイルは、初心者には難易度が高いと言えるでしょう。

戸建て投資を始めるのであれば、他の投資同様、インターネットで物件を探して、

不動産業者に問合せるのが第一歩になります。

ただし、収益向けの戸建てをたくさん扱っている会社はそう多くありません。

そもそも貸し家としての絶対数が少ないので、まずは中古住宅・古家付き土地（建物があっても土地として売られている物件）を探し、収益性や賃貸需要、家賃の相場などを自分で調べるのが現実的な始め方になるでしょう。

家賃の相場を調べる際には「スーモ」「アットホーム」「ホームズ」など、賃貸情報サイトを確認します。

その際の注意点は、ほとんどの賃貸情報サイトには、新築の単価も入った上で相場価格が算出されています。

新築の家賃は相場よりも高いため、相場を押し上げる形となります。

そのため家賃相場を調べる際は、平均値を見るのではなく物件個別で見ていく必要があります。

このとき、近隣に戸建てのライバル物件がなく比較のしようがないこともあります。

ただし、近隣に競合がないことはむしろ朗報です。そのようなエリアで高めの家賃がとれたり、入居率が高くなったりする可能性があります。

手間のかからない戸建てで融資を使って不動産投資をスタート

Y・Rさん
サラリーマン
(38歳／男性)

物件概要

２０１９年購入　木造　Ｓ47年　戸建て
エリア：埼玉県上福岡市／購入金額：５８０万円／利回り12％／キャッシュフロー：月額５万８０００円／融資：三井住友トラスト&ローンファイナンス　融資金額３４０万円
融資期間30年　金利３・９％

サラリーマンのＹ・Ｒさんは「初めての物件は、一棟アパートを買いたい」と相談に来た投資家さんです。

相談当時はまだ不動産を所有されていませんでした。

面談でいろいろお話をしたところ、共同担保（一つの債権に対して「複数の不動産」を担保にすること）にもなりそうな戸建てや区分マンションをまずは買ってみようという流れになりました。

築古物件でもいいけれど初心者なので、購入後は手間を掛けなくても良い物件を希望されていました。

購入したのは埼玉県上福岡市にある築48年の戸建てです。

築年数は経っていますが、物件はキレイにリフォームされており、賃貸がついていました。路線価価格で600万円を超えていたので、共同担保としてもぴったりでちょうど手ごろの物件でした。

低価格の戸建ては現金で購入される方も多いのですが、Y・Rさんの場合は自己資金が限られており三井住友トラスト&ローンファイナンスを利用しました。

この金融機関では共担が無ければフルローンは出ません。今回は当初から6割融資と言われていたこともあり、自己資金の関係上この位の価格がベストでした。

もし、Y・Rさんに自宅や他の物件があれば融資額がもう少し伸びたのではないかと思います。

この方は当社のセミナーを何度も受けていただいており、勉強熱心で何度も顔を合わせている間柄です。コミュニケーションが取れていたので、公開する前に情報を提供することができました。

購入してからちょうど1年が経過していますが、トラブルなく順調に稼働しています。

担当営業だけでなく他のスタッフとも距離感の近い投資家さんということもあり「あの人にこの物件どうだろう?」と社内でも話に上がっていました。そんな時、手ごろな戸建ての売却依頼がタイミングが合ったので、良い物件が買えたのだと思います。

共同担保にも使えるリフォーム済の戸建て

K・Iさん
団体職員
（53歳／男性）

物件概要

２０２０年購入　木造　S45年築　戸建て
エリア：千葉県松戸市／購入金額：７２０万円／利回り11・66％／キャッシュフロー：月額７万円／現金購入

Ｋ・Ｉさんはもともと1棟アパートなどを中心に物件を買ってもらっていた投資家さんです。ここ最近は良い物件を買えないので、「動かせる現金で共担代わりになる様な物件を買いたい」との要望を受けました。

当社へ仲良しの投資家さんから紹介していただいたのですが、ちょうどそのタイミングで他の営業がこの物件の売却依頼を受けており、紹介したらその日の内に見てくれて即決してもらった物件です。

築50年近い築古物件ですが、売主さんがしっかりと建物をメンテナンスしており、入居もちゃんとついていたので初めての戸建てでも何の問題もありませんでした。

何と言っても、この物件のポイントは路線価格でも1000万円以上出ていることです。築古ではありますが、他の物件を購入する時に共同担保としても十分みれる物件です。

購入後半年ほど経過しておりますが、手間もかからず家賃も順調に入っているそうです。

すでに不動産投資をされている方で、「一棟物件を購入したい」という投資家さんは多いのですが、ここ最近一棟物件への融資が厳しくなっています。

そんな中、手元にある現金を遊ばせておくのが勿体ないとの声を多くいただきます。

一棟物件を買えないのであれば、今回の様な共担にも出せる様な評価が出る物件を購入するのは賢いやり方です。

築浅で手ごろな価格の戸建てはあまり見かけませんが、築古であればこの様な物件はたまにあります。

しかし、探している人が多いので、スピード観を持って判断しないと、なかなか買えないかもしれません。

第5章
区分マンション

第5章でご紹介するのは区分マンションです。区分マンションも初心者に人気の投資です。単身向けの区分マンション投資で有名なのは「ワンルームマンション投資」ですが、ファミリータイプの物件もあります。場所も都心から郊外まで様々な選択肢があります。

1. 区分マンションはシングル向けもファミリー向けもある
2. 手間が少なく出口も見えやすい初心者向け投資
3. 実はメリットでもある管理費、修繕積立金
4. 区分マンションでは堅実に利益を積み上げることも可能

1 区分マンションはシングル向けもファミリー向けもある

区分マンションは1棟の中の1部屋を買う投資です。いわゆる分譲マンションを買って、それを投資に回すイメージです。

区分マンションには、単身者向けとファミリー向けに分かれ、さらに収益系とマイホーム系に分かれます。

一般的な知名度としては、「不動産投資＝新築区分マンション投資」というイメージが強いと言えます。

収益系の区分マンションはシングル向けが多く、その多くがワンルームや1Kであることから「ワンルーム投資」とも呼ばれています。

こうした物件、中でも新築ワンルームマンションは完全に収益向けに作られているものの、儲からない投資の代名詞でもあります。

区分マンション投資の特徴

- 少額から始められる
- 新築ワンルームは利益が出ないケースが多い
- 空室でも管理費、修繕積立金が必要
- ファミリー向け、シングル向けの両方がある
- 出口が見えやすい

というのも、販売価格が中古に比べて圧倒的に割高です。これは車も同様で新車は高いものです。

そのため、最初からキャッシュフロー（運用益）を当てにしていないことも多いです。

月々プラスであっても数千円程度、それどころか、月々数千円から1万円程度のマイナスになる物件もあるくらいです。なぜ損をするのに行うのかと言えば、節税対策になるからです（詳しくは次項で解説します）。

ファミリー向けマンションの場合は、マイホーム用に売られている区分マンションを中古で購入して賃貸向けに運用することです。この場合は戸建て投資と似た特徴を持ちます。

2 手間が少なく出口も見えやすい初心者向け投資

区分マンションの場合、マーケットが成熟しており、販売会社もたくさんあるのが特徴です。

特に中古区分マンションは数多くの物件から選ぶことができます。駅近が良ければ駅近の物件、広めが良ければファミリータイプも選べますし、ちょっと郊外へ行けば2００万円程度の物件もあります。

さらに言えば、過去の取引事例を初心者でも簡単に調べられます。インターネットで物件名を入力するだけで情報を見ることができます。一棟ものでは、そうはいきません。

ここで注意するのは、高く買わないことです。そのため物件を選ぶ際には業者の話を鵜呑みにせず、自分で価格を調べることをおすすめします。

また、新築区分マンションに多いのですが、提携ローンなどパッケージ化されているケースがあり融資を受けやすいと言えます。

新築の区分マンションの場合、分譲をしている不動産業者の系列に管理会社があったり、サブリース（一棟を借り上げて第三者へ転貸する仕組み）などもあったりするため運営しやすいのもメリットと言われています。

このように購入から運営の仕組みが整っていることもあり、区分マンション投資は初心者向けとされています。

その他のメリットとしては、新築であれば当面修繕は発生しない、ワンルームなら面積が狭いので修繕費がかかりにくいなどが挙げられます。

加えて、新築区分マンション投資のメリットとして「節税効果」がよく言われます。

家賃収入など不動産所得は、給与所得と損益通算することができます。

特に給与収入が高い方、つまり所得税が高額な方が不動産所得で赤字計上をして、給与所得と損益通算すれば、天引きなど既に納付した税金の還付を受けることができます。

このため不動産投資では赤字であっても、その赤字のおかげで税金還付を受けて手取りが増え、結果的にはプラスになる節税スキームです。

これは収益が上がっているわけではなく、自身の所得税を圧縮したことによる効果であり、投資という視点では失敗だと言えます。

区分マンションのメリットでは新築のメリットもいくつか挙げていますが、私自身は新築区分マンションを購入することには反対です。詳しくは、本章のアドバイスをご覧ください。

3 実はメリットでもある管理費、修繕積立金

デメリットは、戸建て同様に退去があれば家賃収入は0になり、空室期間は持ち出しになってしまいます。

また、戸建てと違って管理費、修繕積立金といったランニングコストがかかります。

管理費とは建物の維持管理のための費用で、常駐の管理人がいるのであれば、その

人件費。その他、消防機器の定期点検や建物共有部の掃除をしたり、電球交換などの費用です。

修繕積立金は、屋上防水や外壁塗装など大規模修繕のために貯めているお金で、中古であれば購入時に引き継ぐことができます。

戸建てや一棟だと、すべてオーナーが直さなければなりませんが、区分マンションは前オーナーが積み立てていたお金も引き継げるわけです。

そう考えると修繕積立金がかかることは、メリットとして捉えることもできるでしょう。

懸念事項を挙げるとしたら、大規模修繕です。きちんと維持管理されていない物件は資産価値も下がります。

特に旧耐震（旧耐震基準のマンション。1981年（昭和56年）6月1日以降に建築確認を受けていれば新耐震基準となる）は避けたほうがいいです。

安全性もありますが融資が通りにくくなり、自分が購入できても出口（売却において）で融資を使えないことがハンデとなりかねません。

中には築古物件の配管を気にする方もいらっしゃいます。鉄管は平成初期くらいまで使われており、今では一般的となった塩ビ管が使われているのはごく最近のことです。鉄はさびてしまいますがメンテナンスの方法はあります。そこを気にしていたら投資できる対象がかなり限定されてしまいます。

このように大規模修繕は懸念事項とは言えますが、管理組合がきちんとしていて修繕積立金が貯まっているのであれば心配はいりません。50戸以上あれば、修繕積立金がそれなりに貯まっているケースが多いです。

では、修繕積立金が貯まっていない物件はダメなのかというと、そんなことはありません。長期修繕計画通りに則って大規模修繕した結果、ちょうど修繕積立金を使ったタイミングの場合もあるからです。

そこを理解せず、「とにかく修繕積立金が貯まってないのはダメだ」と考えるのは間違っています。

長期修繕計画、修繕積立金、50戸以上という条件以外だと、戸数に対するエレベーターの基数、管理費が高過ぎないかなどもポイントになりますが、いずれにせよ安く買えれば問題ありません。

4 区分マンションでは堅実に利益を積み上げることも可能

失敗者も続出している区分マンション投資だけに、一部では「区分＝儲からない」という印象をお持ちの方も多いですが、そんなことはありません。

区分マンションは、投資対象として非常に優秀だと思います。もちろん、高く買ったらいけませんが、安く買えていたら全く問題ない投資対象です。

築古の物件ほど好立地にあります。立地が良ければ入居率は高いですし、なにより管理の手間は戸建て以上にかかりません。

サラリーマン兼業ながら25年間もの間、中古の区分マンション投資を行っているベテラン投資家の芦沢晃さんという方がいらっしゃいます。芦沢さんは、現金購入を中心として、なんと57室（55棟で分散）も所有されています。

著書も多数執筆されており、その投資手法は近著『少額現金ではじめる！「中古1Rマンション」堅実投資術』（ごま書房新社）に詳しく書かれてあります。

この芦沢さんが所有している区分マンションには、3点ユニットで平米数も15平米以下、ものによっては9平米という部屋もあります。それでも芦沢さんのノウハウならすぐに入居が決まり、安定的に稼働できているのには驚きです。

ただし、利益が出やすいのは芦沢さんのように中古区分マンションであって、新築区分マンションではありません。

私はどんな不動産投資であっても否定はしないのですが、新築区分マンションだけはおすすめしません。

不動産投資はどんな手法であってもメリット・デメリットがあり、優越をつけるのは難しいものですが、新築区分マンションを購入する人に関しては、その他の投資を知らず「新築区分マンションだけが不動産投資である」と信じ切っていることが多いです。

その特徴を知った上で選ぶのであれば、それはその人の判断ですが、何も知らずに新築区分マンションを購入してしまうのには反対です。

自己資金500万円で初めてのワンルーム区分投資

M・Kさん
OL
(40歳／女性)

物件概要

2020年購入　RC造　S63年築　区分マンション
エリア：埼玉県三郷市／購入金額：360万円／利回り15%／キャッシュフロー：月額45000円／現金で購入

広告業をされているM・Kさんは、かつて富士企画を担当されていた方で、3年ほど仕事上の付き合いがありました。

もともと不動産投資には全く興味を持っていなかったのですが、私と不動産投資について話をする機会があり、「不動産投資をしたい」と希望された経緯があります。

私たちを完全に信用していただいて「これだという物件があれば、ご紹介ください」と言っていただけました。

どんな物件がご希望か聞いたところ、自己資金が500万円ほどあり「諸費用込みで自己資金以内で購入できる中古区分マンションで失敗しない物件が欲しい」とのことでした。

それが2020年早々の話で、ちょうどたまたま同じタイミングで、5年ほど前に買っていただいたお客さんから、区分マンションの売却の依頼を受けました。そのお客さんは「購入金額と同じ金額であれば売りたい」ということでしたので、5年前に購入した金額でM・Kさんに買ってもらいました。

場所は埼玉県三郷市にあります。駅から徒歩5分程度にある小ぶりなワンルームマンションですが、利便がよく単身者に人気です。

現金購入でオーナーチェンジということもあり、購入後すぐにキャッシュフローが得られます。購入してから半年ほど経過していますが、とくにトラブルもなく順調に回っている状況です。

まとまった現金を普通預金に入れたまま、何もしていない小金持ちの人は沢山いると思います。そういう方たちの中には、不動産投資というワードを「ギャンブル」「危険」と捉えていることが多いですが、勇気を出して一歩踏み出せた人達が、結果的に資産を増やすことができています。同じことでも視点を変えれば「チャンス」になるのを知ってほしいです。

なお、売却された方はHさんといいますが、5年所有しても同じ金額で売れるということで、喜んでいただけました。

購入していただいたお客さん、売却したお客さんどちらも満足いただけて良かった事例です。

金額・利回り・立地で決めたワンルームマンション

G・Hさん
サラリーマン
（30歳／男性）

物件概要

2019年購入　RC造　S61年築　区分マンション
エリア：埼玉県桶川市／購入金額：270万円／利回り16%／キャッシュフロー：月36000円／現金で購入

独身のサラリーマンG・Hさんは、年収420万円で自己資金が400万円ほど。

昨年から不動産投資に興味を持つようになり、勉強を始められたそうです。

もともとは融資を受けて一棟アパートを買いたいという話でしたが、現状の属性で一棟物件の購入が難しかったこともあり、小ぶりの戸建てか区分マンションへ方向転換をされました。

購入されたのは埼玉県桶川市にある区分マンションで、駅から徒歩10分内、広さは16平米ほどでオーナーチェンジになります。

この物件を購入するまでに、いくつかの区分マンションや戸建てを紹介しており、そのすべてをご自身で見に行ってもらいました。

その中で、この物件が金額や利回り、立地などトータル的にみてこれが良かったということで購入に至りました。

購入したのは昨年末で、その後は特に何にも起こっていません。順調に稼働しています。


不動産投資といえば、一棟物件を希望される方も多いのですが、中古の区分マンションから不動産投資をスタートする方も少なくありません。

融資を利用してレバレッジをきかせた不動産投資の方にも、もちろん魅力がありますが、現金購入で安心感のある投資にもまた違った魅力があります。

不動産投資の正解はいくつもあるのです。

少額の区分マンションからスタートして、コツコツと物件を増やしていくことは再現性も安全性も高い投資です。

借金を背負いたくない方、融資を受けにくい方であれば、現金で始める中古区分マンション投資もおすすめだと思っています。

著者 新川義忠 の活動紹介！

（（株）クリスティ、富士企画（株）代表）

【不動産投資 富士企画&クリスティ公式チャンネル】

http://urx.red/TH1C ※YouTube検索→「富士企画」

● 『新川義忠の【優良物件診断】』 ●『不動産投資 新川's Voice」 などをお届け!

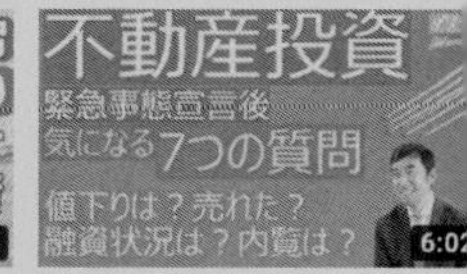

【ZOOMオンラインセミナー】

（富士企画・クリスティ　メルマガ会員向け　※一般非公開）

※毎週開催中ー6／末時点
- 新川義忠からの近況／不動産市況トーク
- 富士企画・クリスティ社員からの最新物件紹介など！

メルマガ会員登録（無料）はこちらより
www.fuji-plan.net/kaiin/

不動産投資・個別相談（無料・随時受付）

この個別相談の目的は不動産投資に興味をもっているお客様に対して不安や疑問を解消して頂き、失敗しない不動産投資を実現して頂くためのサポートです。この個別相談により多くの大家さんが誕生し、規模を拡大させ、トラブルを解決されています。不動産投資に関する疑問は何でもお気軽にご相談ください。（以下のような行為は一切行いません。自分だったら絶対にしないような資金計画のアドバイス、強引なセールスや売り込み、悪いことを伝えるべきなのに良いことばかり強調する）

個別相談へのお問い合わせ・お申込み

https://www.christy.co.jp/consultation/

※ご相談内容の欄の最後に「新刊を読んだ」とお書きください。
または、新川義忠LINE@ ID【@surfrider】でも受け付けております。

LINE@の登録はこちら

第6章

一棟物件（住居系）

第6章では住居系の一棟物件（アパート・マンション）を紹介します。構造は木造、軽量鉄骨造、重量鉄骨造、RC造、SRC造と様々で、物件の規模も2戸や4戸といった小ぶりのものから数十戸の大所帯まであります。価格もそれこそピンキリで最も選択が多い投資手法といえます。

1 基本的に築古物件の融資は受けにくい
2 レバレッジをかけて安定的なCFが狙える
3 思わぬ修繕費が収支を圧迫する可能性も
4 融資のキーワードとなるのは「属性」

1 基本的に築古物件の融資は受けにくい

一棟物件は、アパートやマンション丸ごと一棟運用する投資手法です。

種別は構造や規模によります。マンションとアパートの違いですが、じつは明確な定義はありません。どちらも「共同住宅」「集合住宅」の意味を持ちます。

一般的に木造・軽量鉄骨造の小ぶりな一棟物件をアパート。重量鉄骨造・RC造（鉄筋コンクリート造）・SRC造（鉄骨鉄筋コンクリート造）の大規模物件をマンションと呼ぶことが多いです。

住居系一棟物件の投資対象となるのは、新築もあれば中古物件もあります。流通している物件数はアパート・マンションともに中古物件が多いですが、新築木造アパートは中古物件に比べて融資が付きやすいです。

また、地主さんをターゲットにした相続税対策としても新築アパートが主流になっ

アパートとマンションとの違い

	規模	構造	耐用年数
アパート	小規模	木造 軽量鉄骨	22年 19年（骨格材肉厚3ミリ以下） 27年（骨格材肉厚3ミリ超4ミリ以下）
マンション	大規模	重量鉄骨 RC造・SRC造	34年（骨格材肉厚6ミリ超） 47年

※鉄骨やRC造のアパートもあり、この表はあくまで目安となります。
どちらも「共同住宅」「集合住宅」となり、明確な定義はありません。

ています。この場合は大手アパートメーカーの軽量鉄骨造のアパートが多い傾向です。

融資付けにおいて融資期間を決める重要な指標に法定耐用年数（法律で定められた建物の耐用年数）がありますが、ＲＣ造・ＳＲＣ造の物件は47年と長いため築20年であっても残耐用年数が27年あり、融資期間も長くとれるケースがあります。

対して木造アパートの法定耐用年数は22年ですから、築20年ともなれば残耐用年数は2年となり融資が受け難くなります。

とはいえ、第3章で述べたように金融機関によっては法定耐用年数を超えた物件に対して融資をすることもあります。

2 レバレッジをかけて安定的なCFが狙える

住居系一棟物件の大きなメリットは、戸建てや区分マンションよりも規模が大きいので、レバレッジがかけやすいという点です。

例えば300万円の現金があったとします。このとき、300万円の戸建てを現金で購入するよりも、自己資金300万円で3000万円の融資を受けて、一棟物件を購入したほうが投資効率は良くなります。

300万円で300万円の戸建てを購入したらレバレッジは1倍ですが、3000万円の物件が購入できればレバレッジは10倍です。

加えて、この物件の利回りが12%で金利が2%だとしたら、「10%＝300万円」が年間の収益ということです。

もちろん、管理費用や修繕費、税金などがかかりますが、それが家賃収入の50%だったとしても150万円が手に残ります。

この手残りのことをキャッシュフローと言いますが、「レバレッジをかけて物件を購入し、キャッシュフローを得る」というのが不動産投資の王道です。

買う物件を間違えたら被害も大きくなりますが、よほど変な物件を買わない限り、レバレッジの考え方で投資したほうが効率的に資産を拡大できます。


その他のメリットとして、空室に対してリスクヘッジできることです。

6室だったら6分の1、10室だったら10分の1、30室だったら30分の1というように、部屋数が多くなるほどリスクは減ります。

これが区分マンションや戸建てだと、空室になれば収入はゼロになりますが、一棟物件の場合、よほどのことがない限り、すべて空室（全空）になることはありません。

物件規模にもよりますが、修繕に関してもスケールメリットがあります。

例えば、100戸以上を所有する大規模な投資家さんで年間を通じてリフォームを発注しているのであれば、割安で施工してもらえる可能性があります。

また一棟物件の場合、無料インターネット・セキュリティカメラなど人気設備を導入したり、共用部へ季節に合わせた飾りつけをして物件の印象を良くするなど、営業努力の幅が広いのもメリットと言えるでしょう。

3 思わぬ修繕費が収支を圧迫する可能性も

デメリットは、まとまって退去された場合、修繕費が多くかかってしまうことです。入居者が立て続けに出てしまったものの、修繕するお金がないのでリフォームや募集ができない状況に陥り、最終的には競売にかけられてしまったケースもあります。とはいえ、すぐ貸せる部屋であれば、優先的にキレイにして貸し出せます。逆に修繕費用が高くなりそうな部屋であれば、しばらくキャッシュフローを貯めてから修繕する、といったコントロールができます。

これは大規模修繕についても同じことが言えます。区分マンションだと自分の判断でタイミングを決められませんが、一棟物件ならそれが可能です。

お金の掛け方も専有部（室内）にかけるのか、共用部にかけるのか、オーナーに裁量権があると言えます。

基本的に、一棟物件はお金がかかるので、普段使っている口座とは別の口座を用意し、将来に起こる修繕費用のために、お金を貯めておきましょう。

その他のデメリットとして、管理の手間がかかることもあるでしょう。

区分マンションと違い、清掃業者を自分で手配しなければなりませんが、管理会社に手配してもらうこともできます。

また、区分や戸建てを5物件所有するのと、5戸の一棟物件を所有するのとでは、後者のほうが災害リスクは高くなります。

例えば、東京、北海道、仙台、大阪、福岡に区分マンションを持つ人と、東京に5戸の一棟物件を持つ人の場合、同じ5室という点では変わりませんが、もしも首都直下地震が起きて東京に壊滅的な被害が出たら、前者の人は5分の1のダメージで済みますが、後者の人はすべてダメージを受けます。

これは災害だけでなく、入居者トラブルや事故などの発生でも同じことが言えます。

新聞沙汰になるような事件が起きた場合、かなり売りづらくなるでしょう。

ただ、事件が起きたからといって、既存の入居者がすべて退去してしまうことはなかなかありません。事故の起こった部屋も家賃を下げれば住む人はいます。

リスクを分散するという意味では、複数の場所に複数棟の物件を所有しているのがベストでしょう。これに関していえば、一棟物件も戸建ても区分マンションも変わりません。

ただし、エリアを絞って不動産投資を進めたほうが物件情報は入りやすい、管理しやすいなどのメリットがあります。

リスクと投資効率に対する考え方は、ケースバイケースの部分もあります。

4 融資のキーワードとなるのは「属性」

一棟物件を買うなら地縁のあるエリア、関東に住んでいる人であれば関東圏。関西に住んでいる人であれば関西圏というのが一般的に多いパターンです。

もちろん、大阪の人が東京の物件を買うというケースもあるわけですが、距離が離れていて土地勘も何もないと、購入はできても運営で行き詰まるケースがあります。

やはり、ある程度は目の届くエリアで購入したほうがいいと思います。

また、地方はそのエリアに根差した投資家さんがすでにいるので、初心者がいきなり参入しても難しいと言えます。地方には地主さんも多いですが、2、3代目ともなれば強力なライバルになります。

物件の構造・種別や規模について言えば、その投資家さんの好みもありますが、購入できる物件については融資に左右されるところが大きいです。

繰り返しになりますが、サラリーマン投資家さんの場合は特に属性がキーワードとなります。

年収・資産背景はもちろん、営業エリアの限られた信用金庫など住んでいる地域によって使える金融機関が変わりますので、それによっても投資できる物件が変わってくるのです。

買付が殺到した人気物件を頭金5％で購入

E・Kさん
サラリーマン
（32歳／男性）

物件概要

２０１９年購入　木造　平成18年築　アパート
エリア：神奈川県横須賀市／購入金額：４６６０万円／利回り９％／キャッシュフロー：
月額35万円／融資：オリックス銀行　融資金額４４２０万円　期間28年　金利２・３％

神奈川県在住のＥ・Ｋさんは、去年から不動産投資活動を始めたそうです。

１棟目の物件として「５０００万円程度の木造アパートを地元である神奈川県で購入したい」という希望をお持ちでした。

さっそく条件に合致する物件が出て、その日の夜に見に行ったのですが、買付が殺到するような大変人気のある物件でした。すぐに動いたにも関わらず買付の申込順でいうと2番手になってしまったのです。

Ｅ・Ｋさんはすっかり諦めていたところ、１番手の投資家さんがローンが通らず順番が回って来たので買えました。

その物件は築浅でハウスメーカー製の1K×4世帯×2棟の木造アパートです。融資はオリックス銀行から95％を受けることができて、自己資金は5％＋諸経費というかなり良い条件でした。

場所は神奈川県横須賀市で国道16号の外側にあったのですが、もしも内側であればフルローンが出る物件でした。これは物件と本人の属性が良かったからです。

1年程前に物件を購入していますが、購入時からずっと満室が続いており、安定したキャッシュフローを得ています。

融資が厳しいと言われている状況において、融資が出やすい物件を購入する際のアドバイスをいえば、「自分が良いと思った物件はライバルが多い」ということです。

そのため物件紹介を受けて「いいな」と思ったら、基本的にはその日の内に見に行く習慣をつけると良いでしょう。

もちろん、当日に動いたとしても、ライバルのほうがより早い動きをすることもあります。その場合、個人属性の基準を満たしていれば、オリック銀行から始めるのは正解だと思います。というのも、オリックス銀行は他の銀行に比べて審査のスピードが早いからです。

直近をいいますと新型コロナウイルスの影響を受けて、通常通りではない点もありますが、それでも使いやすい銀行といえます。

信金を使って20世帯の大規模アパートを購入した中堅投資家

T・Fさん
自営業
（46歳／男性）

物件概要

2019年購入　木造　平成2年築　アパート
エリア：埼玉県ふじみ野市／購入金額：9500万円／利回り12・5％／キャッシュフロー：月額98万円／融資：埼玉縣信用金庫　融資金額7600万円　融資期間12年　金利2％

埼玉県在住で自営業をされているT・Fさんは、5年以上前から不動産投資をされています。所有物件は3棟あり、自己資金も4000万円以上お持ちです。

今回で4棟目の物件購入となりますが、T・Fさんの場合は探している条件が明確だったため物件を提案しやすかったケースです。

地元の信用金庫を使いたいとのことで、信用金庫から評価の出る物件を探したところ、タイミングよく良い物件情報が入ってきて、その日の内に現地に出向いて即決してくれました。

金融機関には、事前に相談していたので審査も早く助かりました。

融資先は埼玉縣信用金庫で融資打診をしたところ、当初は9割融資で期間20年、金利が2％弱で決まりそうでしたが、実際のところ8割融資で期間が12年ほどに短くなりました。

それでもキャッシュフローは月100万円弱あり、収支のバランスは合っていたので購入を決意されました。

物件は20世帯ほどの1Kの木造アパートで、利回りがそこそこあります。敷地面積が広く積算評価も売買金額と同等の数字が出ています。

1年程前に購入していますが、その後は安定稼働しており、T・Fさんも順調に物件を増やすことができて喜んでいます。


私からのアドバイスをいえば、信用金庫は都市銀行や地方銀行に比べて営業エリアが狭いという特徴があります。

今回のように埼玉県の信用金庫を使いたいのであれば、埼玉県内に住んでいて埼玉県内の物件でないと融資実行は難しいです。

とはいえ、信用金庫は各地域にありますので、自分の使える信金の特性を理解すると、購入できる物件の条件も明確になります。物件を増やしていきたいのであれば、その辺りの開拓をするといいかもしれません。

第7章

一棟物件（商業系）

第7章の商業系の一棟物件は店舗やオフィスの入ったビル系から、住居系物件の一部に商業系のテナントが入った複合物件もあります。いずれも初心者向けではなく中級以上の専業の投資家さん向けとなりますが、このような投資があることも是非知っておいてください。

1 利回りの幅が広い商業系一棟物件

オフィスやテナントなど商業系の一棟物件には住居系以上に利回りの幅が広いです。特にビル投資のハードルは高いですがライバルが少ない分、より大きな利益が得られる可能性があります。

都心の大きなビルともなれば個人投資家さんの参入はほとんどなく、大手の不動産業者がオーナーであることも珍しくありません。

そこまで大きな物件でなくてもサラリーマン投資家さんが購入しているケースは少なく、専業の投資家さんや地主大家さんに占められています。

2 メリットは内装工事の負担がないこと

オフィスやテナントの場合は「スケルトン」といって内装工事を入居者が行います。オーナー側としては原状回復や設備投資でお金がかからないのがメリットです。

また、テナントが支払った保証金は引き継ぐことができ、場合によっては数千万円にもなります。ただし、そのお金は使わず貯めておかなければなりません。

オフィス物件であれば給湯室やトイレ程度はありますが、キッチン・洗面所・浴室がないため、これらの設備がない分、修繕コストがかかりません。

3 空室によるダメージは大きい

デメリットは、完全に事業となるため、サラリーマン投資家さんでは融資が付きづらいことです。

また、1部屋にかかる家賃のウェイトが大きいので、空室によるダメージが大きくなります。

例えば、コロナショックのような経済危機のダメージも直接的に受けますし、近隣に大きなオフィスビルが建ったら退去されるリスクも高まります。

加えて、入居が決まりづらいのもデメリットに挙げられますが、住居系に比べると入居が一度付けばなかなか退去しないというメリットもあるため、メリット・デメリットが表裏一体とも言えます。

4 最も重要な条件は資金力

商業系の一棟物件を購入する場合、前提として自己資金をかなり持っている必要があります。また、物件価格も住居系よりも高額で、億単位は当たり前、10億円以上も珍しくありません。

融資を受けることはできますが、アパートローンではなくプロパーローン（事業ローン）になります。

そのため、借り手の属性によって条件が大きく変わります。

いずれにせよ、資金力が最も重要な条件です。

例えば、1億円の現金を持っていて投資先を考える場合、戸建てや区分のほうが複数買えるのでリスクヘッジになります。その分、物件選びから契約まで何回も行わなければならず、時間と手間がかかってしまいます。

一方、一棟物件であれば一回の取引で終わります。これは商業系も住居系も同じです。

私の個人的な考えでは、一棟物件も複数所有するほうがリスクヘッジになると思います。1億円あれば5000万円の物件を2棟買うほうをおすすめしますが、どちらが合っているかは人それぞれです。

商業系といっても、一棟が商業系ではなく、1階が店舗とオフィスで2階以上は住居という、住居とテナントが混在している物件もあります。

この場合も融資に対して、厳しい姿勢を見せる金融機関が多数あります。テナント部分が出たときの収入減が大き過ぎるからです。

そのため融資を受ける際にも、事務所部分は収益にカウントせず、住居部分のみで判断する金融機関があります。

相続を意識して店舗+オフィスの上級向けビルを購入

J・Fさん
会社経営
（66歳／男性）

物件概要

2018年購入　RC造　S52年築　ビル
エリア：東京都新宿区／購入金額：4億8000万円／利回り6％／キャッシュフロー：月額240万円／融資：某都市銀行　融資金額3億円　融資期間20年　金利2％弱

J・Fさんは都内で会社を経営しており、「相続対策として不動産を活用したい」との依頼があり、税理士さんと相談しながら物件を探しました。

すでに仕事で付き合いのある金融機関から相続対策で融資を借りる話ができていたこともあり、相続資産が圧縮できる物件で、なおかつ入居付けのしやすい駅から近い物件を購入しました。

物件は古い9階建てのビルで、1階と2階が店舗で上部が事務所です。

飲食店は出入りがありますが、事務所はほぼ変わらず入居中です。場所がいいので退去しても直ぐに決まる物件です。

Ｊ・Ｆさんとは何年も前から色々な物件を買ってもらっていましたが、「高齢になってきたので、そろそろ相続のことも考えて買いましょう」と税理士さんとも相談してもらい、これまでの投資手法とは方向性を変えています。

不動産業者に訪れる人は口をそろえて「良い物件を買いたいです」と言います。

これは本文にも書いていることですが、「良い物件」は人によって変わります。主に属性や将来の目標によって変わるところがありますが、年齢によっても視点が変わります。

不動産投資を続けた結果、資産が増えてくると、やはり相続の事も考えなければなりません。

Ｊ・Ｆさんの場合は年齢がきっかけでしたが、人は誰しも死にますから、それはすべての年代の人に言える話です。

つい利回りや融資付けを優先して検討材料にしがちですが、「死んだらどうなるんだろうか」ということを考えると、これまで見向きもしなかった物件が、良い物件に見えてくることもあります。

市況も変わっていきますが、投資家さんの置かれた状況もどんどん変わっていきますので、いろんな視点から不動産を見ていく姿勢が大切だと思います。

山手線某駅徒歩1分の超好立地ビルを利回り10％以上で！

U・Tさん
会社経営
（66歳／男性）

物件概要

2014年購入　RC造　S57年　ビル
エリア：東京都北区／購入金額：9000万円／利回り11％／キャッシュフロー：月額82・5万円／融資：現金

U・Tさんは不動産賃貸業の他に別の事業でも成功されています。主に現金を使って収益不動産を購入されており、これまでに様々な物件を購入いただいています。

私との付き合いも長くなり、5棟ほど買っていただいてからは「一緒に現地を見ても、結局は新川さんの意見を聞くだけだからもう一緒に行かなくてもいい？」とまで言われて、そこからはほぼ私にお任せくださるようになりました。

本来ならば物件は必ず見ていただきたいのですが、付き合いが長くなればこのような信頼関係も生まれます。

私自身も任されるようになってからは、自分の責任が大きくなってきたことを自覚して、より一層現地確認をしっかりするようになりました。

さて、この物件の特徴はなんといっても立地の良さです。

山手線沿線の某駅徒歩1分にあり、築年数は経っていますが、1階と2階が店舗で上部が事務所と住居が混合の5階建てビルです。

この物件は任意売却（ローン返済ができなくなった際、残債が残っている不動産を金融機関の合意を得て売却すること）で「現金で購入するという買主さんはいませんか?」との依頼があり、U・Tさんにご紹介しました。

購入後は屋上防水工事を行う必要がありました。

また、最上階をオーナーが使用されていたので、内装リフォームを行いました。他は小規模な修繕をしたくらいです。

駅から徒歩1分という立地ということで、退去しても入居はすぐに見つかり、経営は非常に安定しています。

現在、私は営業の現場から離れていますが、私が営業マン時代からお付き合いのあるお客さんに関しては担当させていただいています。

良い物件を増やしていくためには、不動産業者との信頼関係が必須です。そう簡単に信頼関係は作れませんが最強のやり方だと思います。

第8章

売却

第8章では将来的にその不動産をどう売却していくのかという「出口戦略」について解説します。つい「購入」ばかりに目を向けがちですが、不動産投資では「出口」も大切です。物件種別ごとの特徴やタイミング。また売却の手順を初心者にもわかりやすいようにまとめました。

1 不動産の利益には「売却益」もある

不動産投資で収益を得る方法は、主に「インカムゲイン」と「キャピタルゲイン」の2つがあります。

不動産投資におけるインカムゲインは「家賃収入」を指し、キャピタルゲインは「売却益」を意味します。

出口とは、所有している物件を売却し、その物件への投資を終えることを指します。したがって出口戦略では、いかに利益を残せるかが肝となります。

極端な例ですが、たとえ運用期間中は順調でも、出口で失敗して売却益が出るどころかマイナスになると、それまで積み重ねてきたインカムゲインが水泡に帰す可能性もあります。

逆に、インカムゲインが少なくても大きな売却益を得られれば、投資としては大成功と言えます。

不動産投資の利益とは？

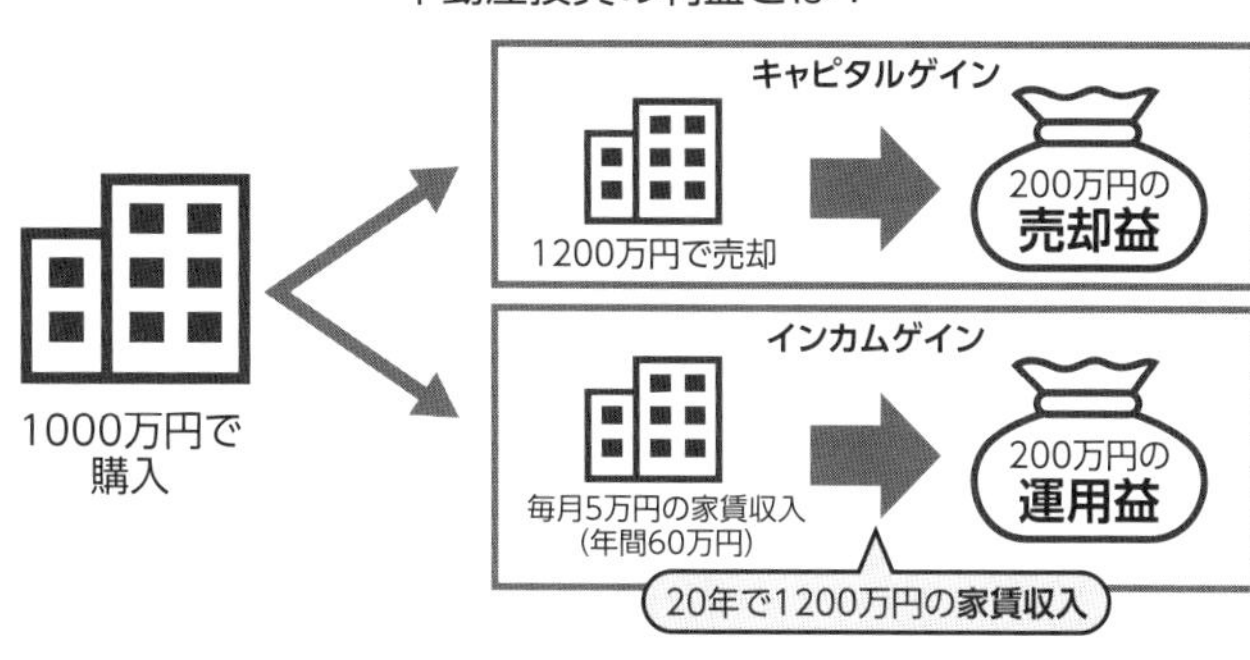

つまり、出口とは投資の成否を左右する非常に重要なポイントとなります。

しかし現実には、出口の重要性を知らず、物件選びや資金計画など「入口」ばかりに気を取られている人が大半です。

もちろん、買ってすぐ売らなくてはいけないような事態になるのは問題ですし、転売益を目的とした頻繁な売買は、宅建業の仕事ですから投資家さんにはできません。

しかし、物件を所有していく中で、売却を考えるタイミングが訪れる可能性は誰にでもが有り得ることです（詳しくは後述します）。

入口も大事であることは否定しませんが、出口を無視した投資は失敗する可能性が高いので、購入時には必ず「出口」を意識してください。

2 物件種別ごとの出口戦略

ここからは、第4章から第7章までに紹介した物件種別ごとの出口戦略を紹介します。

■戸建て

様々な投資手法がある中でも、戸建て投資は出口のとりやすい投資と言われています。なぜなら、入居者がいる状態でのオーナーチェンジも可能ですが、空室の状態でマイホーム向けに売却できるからです。

オーナーチェンジの際に基準となるのは利回りで、高利回りであれば売りやすいです。これはどの物件種別であっても共通することです。

また、価格帯が低ければ現金で買える投資家さんが増えるため、より売却しやすいでしょう。

これがマイホーム向けに売る場合は、利回りの基準はなくなり、小学校・中学校の学区など周辺環境が影響します。

もちろん建物がしっかりメンテナンスされていれば、より買いたい人が増えます。

出口を考える際には、「収益物件として売却」「マイホーム向けとして売却」のどちらがより高く売れるのか検討することから始めましょう。


なにより投資の出口で利益を出すためには、より安く購入することが重要です。

基本的には戸建て以外であっても同様なのですが、戸建ての場合はより安い価格帯で購入できるため、初心者でもチャレンジしやすいです。

築古の手が入っていないボロボロ物件を購入したら、DIYやリフォーム業者に安く発注して、上手に再生する・・・ということを得意としている投資家さんもいます(ただし、それがうまくいかず失敗している初心者も多いことは、第4章で述べました)。

初心者には難しくても2戸目、3戸目と経験を積んでからチャレンジするのは可能だと思います。

■区分マンション

基本的なところは戸建てと同じです。

シングル向け物件であれば、利回りを基準にしたオーナーチェンジですが、ファミリータイプであればマイホーム向けとして売却もできます。

ワンルームマンションについてはネガティブ情報が多いですが、むしろ売りやすさは戸建て以上です。

中古区分マンションのマーケットがあり、過去にどのような値段で取引されているかわかるため、相場で売却するのであれば、どんな市況であっても売却は可能です。

逆に言うと、高く買ってしまえば値段を下げなければ売れず、相場よりも安く購入できていれば、相場並みで売れるため利益を得ることができます。

これは初心者向けの話ではありませんが、区分マンションを一棟売りする手法もあります。

第5章では50戸以上の物件規模がいいと述べましたが、10戸くらいだと、所有者・管理組合と話をまとめて一棟ものとして売るなら、高値で売ることができます。

ハードルは高いですが、修繕積立金が貯まっているならなおさら、所有者全員が利益を得ることができます。

ただし、買い主が不動産業者だと買い叩かれてしまうので注意が必要です。場所が良くて地上げしてもらえるくらいの土地だったらまだいいかもしれません。

このように、区分マンションの出口戦略にはいくつかあり売却しやすいと言えます。

■住居系一棟物件

一棟物件の出口の基準は「利回り」です。ただし、利回りの基準はその市況や融資によるところが大きいです。

例えば、2018年までの数年間はサラリーマン投資家さんに対しての融資が拡大していたため、年収800～1000万円程度であれば一棟物件のフルローン融資が受けやすい状況でした。

少ない自己資金で大規模投資ができるとあって、不動産投資を行いたい初心者が殺到。その結果、一部の業者が「一部の銀行だけで評価が出る物件」を多数売るケースが発生しました。

なお、そのタイミングで高く買ってしまった投資家さんは売るに売れず困っています。一部の銀行でしか評価が出ないということは、他の金融機関から融資を受けられない可能性が高いからです。

このようなかつての市況と、ここ最近の融資が厳しくなっているタイミングでは、「物件を購入したい」という意思があった上で、融資を受けられる投資家さんの数が減ってくるため、高く売りたいと思ってもなかなか売れない場合があります。

ただし、そうした市況であっても、投資家さんからのニーズがある物件もあります。その一つが「銀行評価の出やすい土地値の高い物件」です。

土地値物件であれば築古になっても、極端に値下がりせず売却をすることができます。建物の状態に関していえば、築年数が新しく設備が新しいほうが有利ですが、築古物件であっても大規模修繕をしていたり、室内もきちんと原状回復していれば問題ありません。

どちらかと言えば重視されるのは入居率で、空室が多い物件は安くしてもなかなか売れません。

出口を考える際は、なるべく高い家賃で満室にしていくことが重要です。

■商業系一棟物件

商業系一棟物件の出口については住居系よりも価格が高いため、買いたい人の絶対数が少ないのは確かです。

一般的に、5000万円以下だと動きやすいですが、1億円を超えると買える人の数が減ります。その点、首都圏の商業系物件は数億円の物件も珍しくありませんので、流動性は低くなります。

相場は土地と建物の価格、近隣との比較、つまり積算価格と実勢価格など複合要素で決まります。

商業系の物件の中には、相場価格よりも高過ぎて売れないものがあります。そうした物件は金額を下げれば売れる可能性が高いです。

ただ、ビルに関して言えば、自社で使いたいケースもあります。

区分マンションや戸建てが空室だとマイホームとして売れるのと同じように、ビルなどの商業系も自己使用の需要があるので、空室のほうが高値で売れる可能性もあります。

いずれにしても売買の相談をするときは、ビル系を中心に扱っている大手不動産会社に相談するのがいいと思います。

3 出口のタイミングを見極める

「購入時にどのような出口があるのか意識することが大切なのはわかったけれど、実際にいつ売却をしたらいいのか」という質問を受けます。

一般的に売却を検討するタイミングには、いくつかあります。

その一つに大規模修繕があります。例えば、そろそろ屋上防水や外壁塗装をしなくてはいけない・・・となれば、多額の費用がかかります。

小ぶりな木造アパートならまだしも、大規模なＲＣ造マンションともなれば何千万円もかかるケースがあります。

その際は大規模修繕にかかるコストと、大規模修繕によって上がる家賃（家賃が上がらないこともあります）。今後に得られる家賃などを計算して、所有し続けるのがいいのか売却したほうがいいのかを検討する必要があります。

ただし、業者視点から言えば、高く売れるのは大規模修繕後です。

自分がどんな物件を買いたいと思うのか振り返ってみてください。自分が欲しいと思う物件に近づけたほうが高く売れるものです。

続いては税務的な理由です。

個人所有の場合は、売却益に対して譲渡税が課税されます。

その譲渡税は所有期間によって変わります。5年以下（短期譲渡）では40％近い税率となり、5年超え（長期譲渡）では20％となり倍も違いますので、長期譲渡のタイミングで「この物件は今ならいくらで売れるか」「残債と税金を支払った後の手残りはいくらか」を調べて、高く売れるようであれば売却を検討するのも一手です。

税金理由でいえば、減価償却が切れたタイミングで売却を検討する投資家さんも多いです。減価償却とは、経年劣化（時間や使用による劣化）によって価値が減っていく資産を、必要経費として計上することを言います。

不動産投資の場合では建物が減価償却の対象となります。その際に目安となるのは前述した法定耐用年数です。法定耐用年数22年の木造アパートを築12年で購入したら、残耐用年数は10年となり、建物の価格を10年かけて減価償却していくイメージです。すると10年後には償却が終わり、経費計上できる費用がなくなります。そうなると、家賃収入がまるまる利益になってしまい（管理費用や修繕費は経費計上できます）、多額の税金がかかってしまいます。

この減価償却が終わったタイミングに築22年経った木造物件を売って、減価償却ができる新しい物件を購入することを検討します。

私の考えは、高く売れるのであれば、より新しい物件・資産価値の高い物件に入れ替えるのもいいですし、その物件が安定的に収益をもたらしてくれるのであれば、売らずに新たに減価償却のできる物件を購入しても良いかと思います。

その他、市況の変化・環境の変化も売却理由になります。

市況の変化でいえば、値段が下がっているタイミングではなくて、高くなっているタイミングを見計らって売却をします。

しかし、こうした状況では物件価格が全体的に高騰しているため、「売却して新しい物件を買う際にどんな物件が購入できるか」までを考える必要があります。売った物件よりも良い物件が見つからないケースもあるからです。

いずれにしても市況は自分の思い通りになるものではありませんから、ちょうど良いタイミングで売買するのはなかなか難しいものです。

続いては環境の変化です。例えば、近隣に大学や工場があり、賃貸ニーズがそこに偏っているエリアで、大学や工場の移転が決まった・・・というタイミングなどです。

そうなると、そのエリアで物件を所有していても、これまで通りの収益が期待できなくなる可能性もあります。

この2つのケースの場合、本来ではこうした事態になる前に売るのがベターです。ネガティブな情報があるほど値段が低くなるからです。しかし、事前に情報を得るのは難しいのも事実です。

所有し続けるのであれば、今後の家賃下落などを含めて、賃貸経営ができるのかを試算して、それでも売ったほうが良いか検討します。

そして、売ると決めたら「高く売ること」を目指すのではなく、「残債を払い終えること」を重視して、なるべく早めに売りましょう。

銀行の決済月に合わせての売却も有効です。このタイミングは銀行としても融資のノルマがあり、融資に積極的になる傾向があります。

具体的にいえば上半期の3月と下半期の9月で、この月に融資の実行を行うことを目指すと、1月、7月くらいから売却の準備をします。

売却のタイミングについてアドバイスするならば、一番高く売れるのは「ご自身が一番売りたくない時・一番いい状態の時」です。

空室が多くなってきたから売却、修繕費用が必要になってきたから売却。このような状況では、購入を検討する人から見てもマイナスな面でしかありません。

くり返しになりますが、自身がどういう物件を求めるのかを考えればよくわかる話だと思います。

次項からは売却を決めてからの手順をステップで解説します。

4 【出口のステップ1】売却依頼

売却を決意したら、まずは不動産業者に相談します。

業者に相談する際は、大手の会社、地元の会社、当社のような投資専門会社の3つに話を聞いて比較するのがいいでしょう。

提示される金額が一番正しいのは投資専門会社だと思いますが、地元の管理会社や大手の会社に話を聞けば違った客層がいることがわかるはずです。その上で、総合的に判断します。

不動産業者に売却を依頼する際の契約方法には、一般媒介、専属媒介、専属専任媒介の3種類があります。

・一般媒介契約／複数の業者と契約でき、売主が買主を見つけて契約もできる。「レインズ」（不動産業者間の情報ネットワーク）への登録義務はなく売主の希望による。販売状況の報告義務はない。

・専任媒介契約／1社のみと契約し、それ以外の会社と契約した場合は違約金が発生する。売主が買い手を見つけて契約することは可能。「レインズ」への登録義務は介契約締結の後、7日以内。2週間に1回以上、売主へ販売状況を報告。

・専属専任媒介契約／1社のみと契約し、それ以外の会社と契約した場合は違約金が発生する。売主が買主を見つけての契約は不可。「レインズ」へ登録媒介契約締結の後、5日以内。1週間に1回以上、売主へ販売状況を報告。

注意点は、媒介契約を取るために高い金額を提示してくる会社があることです。5000万円が相場なのに「うちなら6000万円で売れますよ」などと言ってくるケースです。

高い金額を提示されると、その会社に依頼したくもなりますが、現実はその価格で売れるわけではなく少しずつ下げていくことになります。「高い査定額を出した会社には注意」と言えるでしょう。

見極める際には、「買ってくれるお客さんをたくさん抱えているか」「融資が付けられる会社か」という点を重視してください。

ただ、前述したように戸建てや区分マンションだと実需に売れる可能性がありますし、有利な金融機関から融資を受けられる買い手だったら高値で売れるかもしれません。

どちらにせよ、すぐにわかるものではないのでヒアリングして決めていくことになります。

5 【出口のステップ2】売却価格の決定

続いて売却価格を決めます。

基本的に、金額交渉はされるものと考えましょう。

そのため、3000万円で売りたいのなら、価格設定の際に交渉される分を上乗せして3180万円で売りに出すイメージです。

その際、利回りの下限を見ます。3180万円のときに利回り8%、3170万円のときに9%台になるのであれば、3170万円で売るということです。

そうしておけば、問合せが来たときに「指値（値引き交渉）ができますよ」と言うことができ、より決まりやすくなります。


とはいえ、中には「残債があってこれ以上は安くできない」という人もいるでしょう。

この場合、自分がいくらまで持ち出せるか決めることになります。

例えば、新築区分マンションで毎月赤字を出しているような場合、売却して300万円程度のマイナスが出たとしても、売ったほうがいいです。

ずっと所有していても破産するようなダメージはないわけですが、それでも少しずつ首を絞められている状況が続きます。

失敗物件は、売らなければいつまでも赤字を垂れ流すことになります。

300万円程度で損をしても、新しい物件を買える状況になったほうが中長期的にははるかに有利です。

そうした損切りをしたほうがいい立場の人は、特に新築区分マンション所有者の中にはかなり多いのですが、ほとんどの方は売れずに持ち続けてしまいます。

新築区分マンションのオーナーは属性が良いケースが多いので、そうなると多少のマイナスは給料で補填できてしまいます。危機感を持つのはなかなか難しいですが、少しでも早く売ったほうがいいです。ぜひ売却への一歩を踏み出してほしいと思います。


なお、物件の修繕状況は売却価格に反映します。

今後、大規模修繕がかかるのであれば、その分だけ値引きを求められる可能性があります。

また、価格に反映しなくても「大規模修繕が必要である」ということは業者に伝えたほうが良いでしょう。

逆に「大規模修繕をしている」「内装リフォームをしている」「新しい設備を付けた」といったプラスになる修繕履歴も必ず伝えてください。

高値売却とまではいかなくても、売却に有利になる可能性が高いです。

6 【出口のステップ3】広告を使って周知する

売却の際はネット広告を打つことになりますが、アクセス解析の結果は定期的に見たほうがいいでしょう。

このとき注意すべきなのは、一般媒介だといろいろな業者に依頼できるので、「多くの人に広く知らせたいから」という理由で広告を出していくと、物件情報が画面を埋め尽くすくらい検索結果として表示され、売れ残りだと思われてしまうことです。

そうなると、売れる物件も売れなくなってしまいます。同じ物件がずらっと並んでいる状況は避けなければなりません。

買いたい人というのは、その物件がいつから売りに出されているのかを質問するものです。

その質問の裏には「長く売れ残っている物件には、何か問題があるのでは」という懐疑心があるからです。

したがって、そう思われないためにも情報を出して反応がなければ、一度引いたり金額を変えてみたりとコントロールする必要があります。

その際にポイントとなるのがアクセス解析です。ポータルサイトであれば、登録している業者はほぼ見ることができます。

ただし、それを一般媒介だとそこまでの力を入れるのは現実的に難しいため、アクセス解析は専任もしくは専属専任で依頼したほうがいいでしょう。

一般媒介であっても「御社にしか依頼しないので」とお願いすれば、対応してくれる可能性もあります。

大きな物件であれば大手の業者に、小さな物件であれば普通の住居系を取り扱う業者に依頼するという考え方も一つです。

7 【出口のステップ4】売買契約

ネット広告から問合せがきて、金額が折り合えば売買契約に進みます。

売買契約における売主側の注意事項はいくつかあります。

まず、滞納があるかどうかです。保証会社がついている場合は入居者が滞納していても送金されるので、オーナーには滞納されているかどうかはわかりません。

しかし、保証会社に聞いてみると、「1カ月滞納していた」「2カ月滞納していた」という事実を知るケースがあります。

また、入居者が管理会社に「共有部の電球が切れている」や「クーラーが壊れている」「隣がうるさい」など、修繕依頼やクレームを言っていないか確認することです。

そうした入居者からの声は、管理会社で止められているケースが多くあります。

オーナーに報告してくれる管理会社もありますが、些細なことであれば報告なしで対応するものです。これを聞いておかないと後からトラブルに発展する可能性もありますので、管理会社へ事前に確認しておきましょう。

その他にも、町内会費や共用部の電気代など、かかっている費用をきちんと買主さんに伝えることも重要です。

8 【出口のステップ5】決済

決済では、賃貸契約書の原本、図面関係。権利書、鍵の引き渡しが行われます。

これらの書類や鍵は、紛失してしまった場合でも対処できるのですが、事前に把握しておく必要があります。

物件を売ろうと思ったときに、賃貸契約書の原本と権利書については、最低限確認したほうがいいでしょう。鍵はスペアキーを作るだけなので、後からでも大丈夫です。

9 売主が不利!? 知っておきたい「契約不適合責任」

不動産の売買で気を付けることに「瑕疵（かし）担保責任」がありました。

隠れた瑕疵（雨漏りやシロアリ被害、建物の躯体の欠陥など）が見つかった際に、「売主がその責任を取らなければならない」という内容です。

これが、今年の4月の民法改正で「契約不適合責任」に変わりました。

まず「瑕疵」という言葉は使われなくなり、「契約の内容に適合しないもの」という言い方に改められました。

期間も瑕疵担保責任が「契約までに存在した瑕疵」が対象になるのに対して、契約不適合責任では「物件に引渡し時までに存在した不適合」が含まれます。

また、「隠れた瑕疵」である必要もなくなりました。

買主が瑕疵を知らなかったかどうかは解除の要件として不要になり、瑕疵があった場合、売主へ「修繕を求める」「代替物の引き渡し」「不足分を引き渡し」などを請求できるようになりました。

売主が応じない場合には、催告して代金の減額を求めることもできます。

加えて、契約の解除についても事前の催告が必要なものの、解除できるケースが増えることも想定されています。

損害賠償については、従来の信頼利益（有効でない契約が成立したと誤信したために生じた損害）だけでなく、履行利益（契約が履行されていれば発生したであろう利益）も対象となり、買主側に有利な印象を受けます。

とはいえ「契約不適合責任」は瑕疵担保責任と同じく任意規定であるとされているので、契約で売主の責任を制限することは可能です。

つまり、今回の民法改正によって「契約不適合免責（これまでの瑕疵担保免責）」が無効になることはありません。

◎戸建ての売却事例

現金購入した戸建てを売って一棟アパートへ！

R・Dさん
サラリーマン
(38歳／男性)

物件概要

2017年購入／2020年売却　木造　S50年築　戸建て
エリア：千葉県船橋市／購入金額：690万円／売却金額：680万円／利回り12・8％
／キャッシュフロー：月額7万3000円／現金購入

R・Dさんは一般的なサラリーマン投資家さんです。大家さんの会で知り合った投資家さんから紹介を受けて、クリスティへお声がけいただきました。

将来の不安から不動産投資を始めようと考えたそうですが、借金に対して危機感があり、自己資金内で購入できる戸建てと区分マンションからスタートしました。

現金で購入後、3年ほど経過していますが、特に問題も起こらず家賃も順調に入っていましたが、一棟物件への切り替えのため、保有物件の売却を検討されました。

というのも、不動産取得後も色々な大家さんの会に通って勉強や情報交換を続けていく中で、やはりレバレッジをきかせて一棟物件を購入したいという風に考え方が変わっていったからです。

なお、ご自身が購入した時には、前の売主さんがしっかりリフォームをしてくれていたので大きな修繕は自分ではしていません。

売却を任せていただいたクリスティとは一般媒介契約でしたが、複数社への売却依頼はせずクリスティのみで売却先を探すことになりました。それが今年早々の話です。

その結果、3カ月ほどで満足いく価格での売却ができました。購入価格も売却価格でもほぼ土地値です。

もう一つの区分マンションが売却できればその現金を頭金として一棟物件を購入する予定です。

私の考えとしては、区分マンションでも戸建でも決して間違いだとは思いません。

ただし、どうしても一棟物件を行っている人達と比べるとやはりお金が貯まるスピードが遅いです。

ですから売却をして一棟物件にいく選択も正解ですし、そのまま持ち続けてまた小ぶりの物件を買い増やしていくのもまた正解です。こればかりは好みや考え方の問題だと思います。

これを不動産業者に相談すると「物件を入れ替えた方が良い」というアドバイスを受けるかもしれませんが、理由は不動産を動かさないと私たちは商売にならないからです。投資手法については自身の意思を尊重するのが良いでしょう。

◎区分マンションの売却事例
減価償却のタイミングに合わせて物件を売却

T・Dさん
サラリーマン
（45歳／男性）

物件概要

2009年購入／2019年売却　RC造　S60年　区分マンション
エリア：埼玉県さいたま市／購入金額550万円／売却金額：420万円／利回り12・8％／キャッシュフロー：月額4万5000円／現金

T・Dさんは15年以上前からのお客さんで、物件を買う時も売却する時もすべて任せていただいています。

T・Dさんの投資は小ぶりの物件を現金購入、一棟物件は融資で受けるというスタイルで、法人名義で多数の物件を保有しており、減価償却ができなくなるタイミングで物件の入れ替えをしています。

そして、売却をして物件が減ったら、また購入するということを長期的に繰り返しています。売却金額はその時の市場に合わせて決めています。時期が悪ければいったん売るのを保留してもらい、時期を見てまた売却をするというようなこともします。

Ｔ・Ｄさんとは長いお付き合いがあり、色々とアドバイスを差し上げられる良い関係を続けています。

さて、今回の区分マンションの売却も減価償却がそろそろ切れるタイミングでのご依頼でした。物件は埼玉県さいたま市の某駅から徒歩10分にあるワンルームです。

銀行の決算期に合わせて売却の打合せをして、1週間以内に買主さんを見つけることができました。早くお客さんを見つけると、「安くし過ぎたのでは?」なんて欲が出てくるものですが、私たちは売れる数字のギリギリのところで提案しております。ですから数日で買主さんを見つけることなんてよくある話なのです。

今回、売却金額は買った金額より安くはなっています。

しかし、10年ほど保有されている間に、出入りは何度かありましたが、少しの手直しで入居が付く物件でした。その間は家賃収入がずっとあったので、結果的に利益は出ております。

購入、管理、売却と全て任されているため、不動産のことはすべて把握をしており、売却した方が良いタイミングなども、こちらからの提案ができます。

このように、アドバイスやサポートがしっかりできる体制が整えば、本当の意味でのパートナーになれると感じています。

◎住居系一棟物件の売却事例

妻名義の物件を売却して資産の入れ替え

E・Nさん
主婦
（45歳／女性）

物件概要

2012年購入／2019年売却　S造　H8年築　マンション
エリア：千葉県習志野市／購入金額1億3600万円／売却金額：1億4800万円／利回り9％／キャッシュフロー：月額111万円／融資：信用金庫　融資金額1億3320万円

E・Nさんは医師であるご主人と共にご相談にいらっしゃいました。

所得をこれ以上増やしたくないというご希望から、奥様の名義や法人の名義で一棟物件をいくつか購入されています。

この度は、資産の入れ替えということで、奥さん名義の物件の売却依頼でした。

物件は千葉県習志野市にあるマンションです。

ファミリーとシングルの混合タイプでエレベーターはなくて4階建て、28世帯あります。

最寄りの駅からも徒歩15分以内で売却時には2部屋ほど空室がありました。しかし、キレイにリフォームしていたので直ぐに入居者は見つかると思える物件でした。

なお、購入したのは7年前で地元の信金で融資を購入されています。購入当時は空室が多くリフォームにお金をかけましたが、その分安く買えたので十分に収益は得られました。

E・Nさんは「売却後も積極的に不動産投資は行っていく予定です」と話していました。

もともと「銀行決算に合わせて2020年3月に売却しよう」という話を昨年末にしていたところ、タイミング良くこの物件に合いそうな買主さんが相談に来られました。販売図面などを作る前に話をしたら「年度内に買いたい！」と急遽話が決まったため、売り出し期間はほほありません。色々慌てながら決済まで完了した案件でした。

賃貸契約書の更新がしていなかったり、原本がなかったりと色々時間的に大変でした。

投資物件に関しては、今すぐでなくても後々売却する可能性はありますから、普段から賃貸契約書の原本や更新しているかどうかの確認はちゃんとしておくのが良いでしょう。

また、銀行の決算期は融資の関係で不動産の取引も自然と活発になるのですが、実は年度末も「年内に買いたい」という希望者が現れる時期です。

少し希望額より安く買ってもらいましたが、この後にコロナの問題が起こったため、結果的には昨年のうちに売却ができて良かったと思います。

◎商業系一棟物件の売却事例

都内オフィスビルを希望金額より高く売却

I・Bさん
会社経営
（56歳／女性）

物件概要

２０１１年購入／２０１９年売却　ＲＣ造　Ｈ５年築　ビル
エリア：東京都墨田区／購入金額：約３億円／売却金額３億８０００万円／利回り９％／
キャッシュフロー：月額２８５万円／融資：都市銀行

I・Bさんは手広く事業を行っている女性です。収益不動産は時期をみて入れ替えをしているとのことで、定期的に買ったり売ったりをしているそうです。

今回は、資産整理ということで売却相談に見えました。

物件は東京都墨田区にあり某駅から徒歩10分ほどにあります。

すべて事務所で一部空室はありましたが、管理会社から言われるがまま手直しをしていたこともあり、そこそこキレイな物件でした。

この物件に関しては、購入時には携わっていないため詳しくは分かりませんが、3億円程度の抵当権が都市銀行で設定してあったので、それなりの資産をお持ちの方だと思います。

場所も悪くはなく手入れもそこそこにしてある物件で、売却希望価格を聞いてみると、当社の査定よりも低い金額でした。どうやら地元の不動産業者からの査定のようです。

そこで、希望金額より高い査定額で売りに出したところ、1・5か月ほどで買主さんを見つけることができました。

買主さんは、自分で使える事務所ビルを探していた方で、自己使用したいオフィスは現在埋まっているものの、退去したら自分で使うことも考えての購入を決意されました。融資は地元の信金です。

I・Bさんには喜んでいただきまして、他にも多くの不動産を保有しているので、また売却する時は声を掛けると言われております。

このケースで言えることは、地元の不動産業者と私たちのような投資専門の会社では、査定額に差が出ることも多々あります。

もちろん、地域や物件の特徴にもよるため必ず高く売れるとは限りませんが、投資物件であれば地元に強い会社だけに頼らず、私たちのような投資専門の会社にも相談されることをオススメします。

終　章

不動産投資で
失敗しないために大切なこと

終章は本書のまとめとなります。不動産投資に対しての考え方（マインド）は不動産投資の手法（テクニック）に以上に大切なものです。加えて、私自身が行っている投資もご紹介させていただきます。一般的な投資とはちょっと違いますが、皆さんのヒントとなれば幸いです。

1 人と比べるものではない

不動産投資の初心者には、周りの人と比べてしまう人が多くいます。

不動産投資をしていると、様々な不安や悩みが出てきます。特に今のような激変の時代ではなおさらです。

自分よりも優れた人がいるのは、どんな分野でも同じです。

そんな中で他人との比較をすると、自信を失ったり傷ついたりといった結果を招いてしまいます。しかし、他人との比較に意味はありません。

どうして比較をしてしまうのかと言えば、不動産が異質な事業だと思われているからではないでしょうか。

実際には成功率は高いものですが、一般的には「不動産は難しい」「何か危険なことをやっていそう」という負のイメージがあったり、サラリーマンが不動産投資を行うときにも会社に隠さなければならなかったり、特殊な立ち位置であることが関係しています。

そのため、身近な人には相談もできず、不動産投資を行う仲間同士で話をすることになります。

仲間がいるのは良いことでもあるのですが、どうしても世界が狭くなりがちで、特定の尺度で良し悪しを決めてしまう側面があります。

これが他人との比較につながるわけです。

また、いろいろなところから情報が入ってくるので、自分の考えを貫くのが難しいと言えます。

羨ましくなるような武勇伝は話半分に聞く。また、人の悪口は、聞かない・言わないスタンスが必要です。

よく「周りの5人の平均が自分になる」と言われます。

これはアメリカの有名な起業家ジム・ローンの言葉で、「5人の法則」「つるみの法則」などと呼ばれます。

例えば、身近に付き合っている人の平均年収が300万円だったら自分も300万円になり、逆に周りが年収1000万円だったら自分も1000万円になる、というイメージです。

この法則に当てはめて考えると、ネガティブなことばかり言う人に囲まれていたら、いつの間にか自分も同じような人間になってしまう可能性があるということです。

ですから、できる限り楽しくて魅力的な人と付き合ってください。

不動産投資を通じて広い世界や新しい価値観に触れることで、より良い人生を歩んでいただけたらと思います。

2 失敗はリカバリーできる

私が言っていることを含め、人の話が万人に当てはまるわけではありません。

不動産投資をしている人はサラリーマンだけでなく、20代から50代、主婦、医師、地主、経営者など実に様々です。

そして資産背景、家族構成、性格、住んでいる場所も一人ひとり違いますので、この投資手法が絶対的に正しい、というものはありません。

とはいえ、これはなかなか難しい問題です。

誰かが目新しい投資法を始めると「これはすごい」とやってみたくなり、また別の誰かが言った投資法に対して「これもすごい」と飛びついてしまいます。

例えば、「民泊」や「レンタルスペース」などはこの数年で伸びていますが、民泊については言えば、新型コロナウイルスの影響から大打撃を受けています。

他人の意見に振り回されると、何が正解なのか自分でもわからなくなり、いつまで経っても買えない状況に陥ってしまいがちです。

しかし、繰り返し述べているように、不動産投資の正解は一つではなく、一人ひとり違うものです。

どんな投資手法であっても、やらないよりはやったほうがいいと私は思っています。

不動産投資の良いところは、失敗してもやり直しができることです。

たとえ失敗物件を買ってしまっても、株と違って価値がゼロになることはないので、値段を下げれば売ることができます。

複数所有していれば、どれかで失敗してもカバーできます。物件単体で失敗しても、事業としてマイナスになっていなければ何の問題もありません。

実は、大きな実績を出しているにように思える成功投資家さんであっても、最初の物件で失敗しているケースは多くあります。

「新築区分マンションから始めて損切りをした」「もし過去に戻れるなら、1棟目の物件は選ばなかった」という人は珍しくないのです。

では、なぜその人たちは大きな成功を収められたのでしょうか。

それは、「失敗は失敗と認めて、すぐに再スタートをしたから」です。

いくつも物件を買っていくと、「8対2の法則」のようなもので、2割くらいは今一つという物件が出てくるものです。ただ、その場合は「2割」を入れ替えてレベルアップしていくしかありません。

事業を続けていけば、物件の目利き力も上がりますし、リフォームの采配が上手になります。

自分が伸ばせるところを伸ばしていけば、それが強力な武器となり、失敗を容易にカバーできる賃貸経営が可能となります。そうなれば、後は成功しかありません。

3 仕事も遊びも一生懸命やる

新型コロナウイルスの影響を受けて、自宅にいる時間が多くなり、ゆっくり考えられる時間が増えた方も多いはずです。

旧来の価値観だった「お金持ち＝幸せ」についても、それが本当なのか、自分の人生にとって当てはまるのか、ということを考える良い機会だと思います。

不動産投資によって時間の自由、お金の自由を手にすると、人生の選択肢が増えることはたしかです。

好きなタイミングで会社を辞められるようになるし、食事をしたり買い物をするときに値段を気にしなくなります。

ただし、「豊かさ」の基準は人それぞれです。

高級車に乗って、高い衣服を着て、高級な時計を身につけることが豊かになったことだと感じる人もいるでしょう。それはその人の考え方であり「良い・悪い」という話ではありません。豊かさを手にしたら、やりたいことをやるのが一番だと思います。

「とりあえず会社を辞めよう」と考える方も多いですが、「辞めて何をするのか」は決めたほうが良いでしょう。

周りに遊んでくれる友人や大家さん仲間がいれば別かも知れませんが、一人だけ毎日が日曜日というのは非常につらいものがあります。本業であるサラリーマンの仕事が嫌で仕方がないのであれば、別の仕事でもいいかもしれません。

できれば何か仕事をした上で「仕事も遊びも一生懸命」なのが理想的だと思います。

4 私自身が不動産投資にチャレンジしてわかったこと

ここで私自身が行っている不動産投資を紹介させてください。

私は不動産業者をしており、賃貸物件の管理業務もしていますが、主な業務は収益物件の売買仲介です。

実は私自身もサラリーマン投資家さんと同じく、本業の傍ら不動産投資をしています。法人名義で所有している物件があれば、個人名義で所有している物件もあります。

昨年に買ったのは、千葉県の一宮にある築15年の木造アパートです。

1LKのメゾネットが5戸と2LDK+店舗が1戸あり、広い部屋は自己使用しています。週に半分くらい住んでいて、趣味で作っているサーフボードの作業場でもあります。

利回りは約12%で、決して高くない数字ですが、一宮はサーファー需要のある特殊エリアで、入居率は非常に良い物件です。

具体的に言えば、サーファーが1部屋10人程度でシェアしています。

賃貸契約は代表者がしていますが、基本的には住んでいなくて、それぞれが休みの日に遊びに来る・・・という別荘のような使われ方をしています。

この物件は、もともと2年前に会社名義で購入しました。

会社が購入した際は融資を受けて購入して、現金でリフォーム（屋根と外壁を塗装・ウッドデッキを作り直し）をしています。

そして昨年、個人に売却して私名義の不動産となりました。

このやり方は個人に資金がなく、法人に資金がある時に有効かもしれません。

会社からすると余剰資金でリフォームを行って経費計上できて、仕上がったものを個人が融資で買ったため、個人からするとリフォーム済のものを融資で買えたことになります。

リフォーム済の物件を買えば割高な買い物になりがちですが、されていないものを買って再生するのは利益が出やすいです。

なお、融資は某都市銀行から受けました。

都市銀行は法定耐用年数に厳格です。期間7年・金利1％台で融資期間が短いため、家賃収入も40万円に関わらずローン返済が月40万円です。

そのため、キャッシュフローはないですが、私自身には他の所得があるので問題ありません。

また、この物件の減価償却で所得税が圧縮できますので、これは新築区分マンションの節税スキームと同じ仕組みです（第5章を参照）。キャッシュフローを重視するのも大切ですが、立場・目的・資産背景によっても考え方は変わります。

私の行っている投資は目標値として直近を見ていないので、来年からお金を貯めたい人には向きません。しかし、6年後にローンが終われば無担保の物件と月々40万円の家賃収入が手に入ります。

減価償却が終わっても、このアパートは売らずに別の物件を購入するつもりです。この物件はサーフィンのポイントが目の前にあり、とても場所が気に入っているからです。

イレギュラーではありますが、こうした私のやり方も一つの正解なのです。

5 オフィスにビーチカウンター

最後は、私が趣味で作った「ビーチカウンター」の話です。

私が経営する会社は2社ありますが、富士企画は8年前に四谷で創業しました。

当時、借りたのは20平米程度の狭いオフィスです。殺風景な部屋で仕事をするのが苦痛で、オフィスにいる時間が少なかったです。

その内、社員も増えて同じフロアの大きな部屋も借りるようになりました。80平米程度の広さがあります。

そのタイミングで2つのオフィスのリフォームをしました。

サーフショップみたいな皆の溜まり場になるよう居心地の良いスペースにデザインしました。といっても、すごく変わったことをしたわけではありません。

壁と天井のクロスを貼り変えて、床をフロアタイル、照明も交換した程度です。あとはアロマを焚いて良い香りが漂うようにしました。

細かい部分ではごく普通の事務机に木目調のダイノックシート（住友3M社から発売されている装飾用の塩ビ系シートの代表的な商品）を貼り、窓際に砂を敷いてビーチを作りました。


まるでカフェのようなイメージです。「四谷　ビーチ」で検索すると写真付きのブログで見ることができますのでご興味ある方はご覧ください。

オフィスの扉を開けたときに目で見て、耳で音楽を聴き、鼻で香りを楽しむ・・・そんなオフィスにしました。それが7年前のことです。


そして、去年は同じビル内でフロアを増やしました。

その際、前々からチャレンジしてみたかった「ビーチカウンター」を作りました。レジンという樹脂を使ってＤＩＹしたビーチです。

土台のカウンターを大工さんに造作してもらい、その上に木の枠を設置してレジンを流し込みます。

その際、砂と貝殻と熱帯魚や魚のガラス細工のミニチュアをたくさん入れて、海の中を泳いでいるように見せます。最後に強化ガラスを置いて完成です。

材料費は3万円、あとは手間だけです。強化ガラスは高価なものですが、これは貰い物です。

これはレジンアートと呼ばれているそうです。

もともとレジンはサーフボードの素材で、私はサーフボードを手作りするので馴染みがありました。

良かったら私のビーチカウンターを見に来てください！

おわりに

本書を最後までお読みいただきまして誠にありがとうございます。
本文でも少し紹介させていただきましたが、私の軸になっている言葉をご紹介します。

「明日やろうは馬鹿野郎」
「仕事も遊びも一生懸命」
「やっとことないことをやってみよう」

今できることは、明日ではなく「今」したほうがいいですし、遊びであれ仕事であれ、何事も全力で取り組んでいきたいと考えています。
それから、限られた人生だからこそ、自身の経験を増やしていきたい。そのためにも、やったことのないことを年に一つはしていきたいのです。

また最近の口癖は「やりもしないのに無理って言うな!」です。

私自身、ブレることなく軸に忠実でありたいと考えています。

個人的なことですが、仕事の前後に週2日以上行っている趣味のサーフィンが興じ、なんと世界ランカー（日本人では3位）にまで辿り着きました（1章のコラムに写真も載せています）。

日本ではまだ馴染みが薄いかもしれませんが、「シティウェーブ」という波が立つプールでの競技で、賞金がかかった世界ツアーも行われています。これから世界中でどんどん盛んになっていく注目のスポーツです。

プロのいる世界で、仕事をしながら趣味で行っている不動産会社の経営者でも世界ランキング入りできたことは、やはりあきらめずに挑戦し続けていたからだと思います。

不動産投資も同じだと思うのです。

自分の目的を叶えるための最適なツールではありますが、目的がお金だけになってしまっては、本当の幸せは掴めません。

読者の皆さんもその人なりの軸があると思います。そうした軸を一番に大切にしながら、そこに辿り着くための手段を逆算して冷静に行動していくと、結果的に成功に辿り着くのです。

その結果、不動産投資は不要になる方もいらっしゃいます。そういった場合、私はそれなら行わない方がよいと正直にアドバイスしています。

ぜひ、皆さんが不動産投資を始める理由をもう一度よく考えてみてください。

最後に本書の執筆にあたり、お世話になった方々にお礼を述べたいと思います。

第4章から第8章まで事例として紹介させていただいた投資家の皆さん、本書へのご協力ありがとうございました。皆様の不動産投資に関わることができて、本当にありがたく感じています。

日ごろ交流をさせていただいている著者の皆さんや「サーファー大家の会」の皆さんにもお礼を言いたいと思います。

いつもマイペースな私についてきてくれている富士企画、クリスティのスタッフ、いつも陰で私を支えてくれている父にも感謝をささげます。

また、本書の発行元であるごま書房新社編集部の大熊さん、編集協力の布施さんにも、お礼を述べたいです。

それから、最後に読者の皆さんに、もう一度お礼を言わせてください。本書を手に取っていただき、本当にありがとうございます。

プロフィールにＳＮＳのアカウントなどを載せています。本書を読んだ感想や悩み事、質問事項などがあれば、お気軽にメッセージをください。

最近はYouTubeチャンネルや、オンラインセミナーなど新しいことにもどんどんチャレンジしています。

慣れないことも多くいろいろ試行錯誤ですが、「やりもしないのに無理って言うな！」を自分に言い聞かせ、常に前進する人生を歩んでいきたいと思います。

２０２０年６月　千葉・一宮の海のそばの私のアパート物件にて

新川　忠義

・著者プロフィール

新川 義忠（しんかわ よしただ）

株式会社クリスティ代表取締役、富士企画株式会社代表取締役。
1972年、福岡県生まれ。不動産投資専門会社でトップ営業マンとして実績を挙げた後、2012年に独立、富士企画（株）を設立。2016年より老舗不動産会社である株式会社クリスティの代表も兼任。サラリーマンから地主さん、プロ投資家まで様々な案件にて、現在までに約3500件の物件売買に関わる。「投資家目線でのアドバイス」「すぐには売らないスタイル」の人柄が信頼を呼び、著名大家さんも含めファンが多い。その手腕が話題を呼び、TV出演などメディアから取材多数。著書に『物件サポート3500人！事例で見る"勝ち組大家"の法則』『「14人」の達人に学ぶ不動産投資成功の秘訣』（共にごま書房新社）、『万年赤字物件を脅威の高値で売る方法』（幻冬舎）など累計5作。趣味はサーフィン（「シティウェーブ」世界ランキング入り達成）ほか幅広い。

●Facebook【新川義忠】
http://www.facebook.com/yoshitada.shinkawa
●株式会社クリスティホームページ
https://www.christy.co.jp/
●富士企画株式会社ホームページ
http://www.fuji-plan.net/
●ラジオ番組　http://urx2.nu/09F1
●インスタグラム　surfrider.yoshio@surfrider.yoshio

「いま」から始めて成功する
"秘伝"の不動産投資！

著　者　新川 義忠
発行者　池田 雅行
発行所　株式会社 ごま書房新社
〒101-0031
東京都千代田区東神田1-5-5
マルキビル7F
TEL 03-3865-8641（代）
FAX 03-3865-8643
カバーデザイン　堀川 もと恵（@magimo創作所）
編集協力　布施 ゆき
印刷・製本　倉敷印刷株式会社

ISBN978-4-341-08765-4 C0034